微历史

⬆ 收起 | ▣ 查看大图 | ↺ 向左转 | ↻ 向右转

微@历史

老祖宗的人精式生存智慧

微历史达人 黄一鹤 编著

 ZHEJIANG UNIVERSITY PRESS
浙江大学出版社

老祖宗的做人道理
中华上下五千年,老祖宗们给咱们啥启示呢?

为政的道与术
官场如战场，做官可是一门技术活。

任何事情都有显规则和潜规则的两面，为政之道也是如此。西魏权臣宇文泰，一次和大臣苏绰密谈，连续三天三夜，据说其中就有这么一段对话。宇文泰问："要怎样才能治理国家？"苏绰答："任用官员。"宇文泰问："能说得详细点吗？"苏绰点点头："用官员治国，把老百姓搞定了；如果官员贪贿，就不断反贪，这样官员也就搞定了。"

光有才干是不够的，还要了解上级最忌讳的是什么。曾国藩湘军初兴时，在湖北打了胜仗。咸丰皇帝看到捷报后，欣喜不已，马上下了一道圣旨，要让曾国藩署理湖北巡抚。军机大臣祁寯藻知道后，劝阻咸丰皇帝："曾国藩离职在家，不过是一匹夫，但他一呼，竟然召集了这么一支大军，这对国家来说，恐怕不是一件好事呀！"咸丰皇帝一听，官也不给了，只让曾国藩继续艰苦作战去。

唐高宗时，李义府当红，官员李崇德赶紧去抱大腿，大家都姓李，于是李崇德改修族谱，与李义府成为一家人。但中途李义府被贬到外地做官，暂时失势了，李崇德也跟着脸色一变，修改族谱，和李义府划清界限。没承想一年多，李义府又回来了，继续做宰相，这下李崇德可惨了，被诬入狱，在狱中自杀而死。

做事的手段与经验
俗话说得好：人心深似海，做事靠手段。

唐时，刘晏负责朝廷在扬州的造船厂。本来规定，工人们每造一艘船，可以贴补一千缗钱。有人认为太多，应删减。刘晏说："做事要把眼光放远点。现在造船厂刚开始，就让工人觉得朝廷吝啬，那制造出来的船，质量能好吗？那样造船厂也不能长久。"后来刘晏离职，官员缩减费用，结果造出的船轻薄易坏，水运大受影响。所以说，做大项目不能抠门，就算钱财浪费一点也不要紧，一抠门，质量就难以保证。

美人计无处不在。某次，明太祖得知驸马欧阳携四妓饮酒，非常愤怒，急令官府逮捕。妓怕死，就想毁容以求得自保。一老吏拦住她们，教她们如此这般。太祖审讯时，妓女们只是一味哭泣，当太祖喝令将妓女推下斩首时，妓女解衣宽带，露出如玉肌肤，阵阵香气袭人。太祖一时也为之所动。最后，他说："这些小妮子如此诱人，朕都不免迷惑，何况是那小子！"将妓女释放。

宋真宗时，一外戚家族因分家产不均，发生争执。真宗派大臣张齐贤去处理。张齐贤对当事人说："你们是否都认为自己东西分少了，而对方得分多？"当事人都回答是。张让他们于供词上签字画押，再派官员监督彼此住进对方的住宅，而且财产器物一律留下，财产文契则相互交换。最后，谁也无话可说。

　　清道光年间,林则徐奉命前往广州禁烟,与英军发生战争。某天,虎门海面浓云密布,英舰前来偷袭,发现到处漂浮着清军军帽。英军以为是清水军,用大炮轰击。可一阵炮火过后,无数只黄蜂嗡嗡地向英舰飞去,蜇得英军嗷嗷叫,连忙掉头逃走。原来,林事先让人在尿壶里装满黄蜂,封住壶口,罩上清军的军帽,放置在海面。英军一开火,尿壶破裂,黄蜂纷纷飞了出来。

跟着古人学说话
怎么把话说好听? 这里头学问可大了。

　　民间一老秀才被朱元璋请进宫,教导太子。某次,老秀才责罚太子,被朱元璋关进大牢。但在马皇后的劝解下,老秀才被释放。谢恩时,老秀才写一联呈上。朱一看:“明王明不明,贤后贤非贤。”朱勃然大怒,要将老秀才拉下去问斩。老秀才立即朗诵道:“明王明不? 明! 贤后贤非? 贤!”朱由怒入喜。

　　北宋大文豪苏轼,以前跟章惇是很好的朋友,后来政见不同,两人反目,章惇做了宰相后,把苏轼贬到今广东惠州。几年后,旧党得势,苏轼被召回京城,官复原职。有人见到苏轼,问:“传言说您已经仙逝,怎么至今还在人间?”苏轼答:“因为去黄泉的路上遇到章惇,就又回来了。”原来,当时章惇被罢相,也贬到广东去了。

　　唐伯虎的画声名很盛，某天，许多富家子弟来求画。期间，他们议论纷纷，使唐很是烦心。于是，唐取过一张白纸，在中间涂了一团墨，让众人猜，并说猜中者赠画两幅。众人无人能猜。此时，恰好祝枝山到。祝对众人说："一团墨就是一个大黑点，'大''黑''点'合起来就是一个'默'字。唐先生嫌你们太吵了！"众人闻言只好散去。

享受生活的艺术
生活是件艺术品，需要精心雕琢。

　　给子孙留金留银，不如给子孙留下好名声。唐朝法官徐有功，执法公正，救了不少人的性命。后来罢官为民，他儿子参加吏部选拔时，吏部官员都说："这是徐公的儿子，哪能用常规考核来要求呢。"清朝谢振定因为得罪和珅被罢官，人称"烧车御史"，二十年后，谢的儿子做了县令，入京述职，嘉庆皇帝召见，问他："你就是'烧车御史'的儿子吗？"不久，便提拔他做了成都知府。

　　战国时，一人为齐王养斗鸡。三十天后，齐王询问情况。养鸡人说："大王，差不多啦。现在斗鸡骄气没了，心神安定了。虽然别的鸡一再寻衅滋事，但它一动不动，像只木鸡一般。这样的鸡，别的鸡一见就会吓住！"果然，该斗鸡是战无不胜。鸡如此，人也是这样啊，"任尔东南西北风，我自岿然不动"的人，最可能出成绩。

232　@ 话题三：一本万利的生财之道

　　"国际倒爷"吕不韦,在赵国邯郸发现了作为人质的秦国王孙异人,立刻跑回去咨询老爸:"种田能获利几倍?"答:"十倍。""经营珠宝能获利几倍?""百倍。""扶立一个国王呢?"父亲也算不过来了:"大概会很多很多吧。"于是吕不韦投资异人,终获成功,官至丞相,赚钱不计其数。

chapter 1

老祖宗的做人道理

中华上下五千年,老祖宗们给咱们啥启示呢?

#人情世故皆学问#：有一种灵活是必要的！孔子周游列国，率领子贡等人前往卫国。路经蒲地时，碰上叛乱。蒲人将孔子一行人团团围住，说只要孔子不去卫国，就让他离开。孔子只好与蒲人签订盟约，保证不去卫国。可一走远，孔子就转往卫国。子贡不解，孔子说："在胁迫的情况下所签订的盟约，神明是听不见、看不到、不承认的，何必遵守！"

转发（19555）评论（29456）

□蒲人甲：孔老二你敢骗人！

□盗跖V：老小子真虚伪，下次一定请你吃人肝！

□孟子V：夫子手段高啊！

□孔子V：呀，说的是老夫的事迹！@子贡 @老师最爱的颜回 @孔子语录官方微博 @七十二贤。

本微博发起了 #成功者的秘密# 一话题，不想引起了轰动，各朝人士纷纷响应，推销起自家的成功经验，欲树立起光辉正面的形象，说教意识那是相当浓。架不住各朝领导的威逼利诱，只能搜集整理起来，刊印发行，录之于下（朝代不分先后）。

@ 话题一：成功者的秘密

形势比人强，人要有所成就，个人的好恶不可放得太大。汉景帝废了原太子，改立刘彻，刘彻即汉武帝。汉武帝能坐上皇位，姑姑馆陶长公主功不可没，于是汉武帝立长公主的女儿陈阿娇为皇后，又处处让着长公主。阿娇骄纵，长公主又恃功自傲，汉武帝心里不满，渐渐疏远这对母女。太后劝儿子说："你刚即位，根基未稳，又得罪了太皇太后（窦氏），如果再得罪你的姑姑，那就危险了。"汉武帝醒悟，拉拢长公主母女，得以顺利度过政治风险期。

成大事的人懂得"时也，势也"，凡事不强求，事后也不记仇。曾国藩在安徽作战时，形势危急，手下谋士纷纷出走，得意门生李鸿章见势头不好，也借故离开了老师。因为这事,曾李二人各自心里存下了疙瘩。后来曾国藩度过危机、雨过天晴,李鸿章又腆着脸写信来祝贺。曾国藩知道,其他人的才干都不如李,李最能助自己一臂之力,即使没有自己,李的前途也不可限量;李鸿章也知道,自己要想成大事,还是得靠着曾这棵大树。于是两人一拍而合,又合作到一起。

唐朝诗人杜牧,有一句写项羽的名诗是:"兵家胜败事不期,包羞忍辱是男儿。"告诉人们,做大事的人,要有能忍辱负重的强大内心。西汉名将韩信,年轻时钻恶少年的胯裆,后来又累经屈辱与挫折,终于成为一代战神。同样在西汉,有一位文人,被汉武帝处以宫刑,在这巨大的屈辱之下,他发奋完成了不朽名著《史记》,他就是司马迁。

好逸恶劳之心理,是人最大的敌人,要想成就事业,就必须要克服它。晋国公子重耳,流亡多年,吃尽苦头、受尽白眼,到齐国后,受到厚待,并娶了宗室女为妻。此后,重耳花天酒地,不再想回国重振大业之事。跟随他一起流亡的心腹们苦苦相劝,无济于事,最后设计将重耳灌醉,放在车子上,一行人离开齐国继续流亡。后来重耳归国继位,成就霸业,是为晋文公。

创业者往往行事作风都十分狠,对敌人狠是一方面,还有一方面是对自己狠。吴越争霸,越王勾践失败后,成了吴王夫差的仆役。一次,夫差得病,勾践狠狠心,亲尝夫差的粪便,然后喜滋滋地说:"大王的粪便酸而微苦,看来只是得了'时气之症',几天后肯定能好,所以大王不必放在心上!"靠着这吃粪的狠劲,勾践麻痹了夫差,不久被释放回国,又经几年卧薪尝胆,终于成功复仇,灭了吴国。

忍功很重要,对有野心的人来说,是小不忍则乱大谋;对普通人来说,万事忍为贵,忍得平安。张耳与陈馀,都曾是魏国名士。秦灭魏后,两人逃到外地,以看城门为生。一次,官吏因小事要鞭打两人,陈馀无名火起,想反抗。此时,张耳暗暗踩了一下陈馀的脚,陈馀才没动。官吏走后,张耳责备陈馀说:"以前我们是怎么说的?如今因为一点小屈辱,你就要死于庸吏之手吗?"

唐朝诗人王维,曾有诗句:"贱日岂殊众,贵来方悟稀。"说一个人没发达的时候,扔在人堆里,谁也认不出来;当他做出成就来时,大家才发现他是多么了不起。所以每一个如今还是"普通人"的人,都不必气馁,人生还有的是机会。东汉光武帝刘秀,年轻时老实巴交,只懂得闷头种地,哥哥老嘲笑他:"如果我是那汉高祖刘邦,你就是汉高祖那只会种田的兄长刘仲!"后来刘秀跟着哥哥起兵,很快成长为优秀将领,甚而做了皇帝。

唐中宗去世后,韦皇后当权,想学婆婆武则天做女皇。亲王李隆基和姑姑太平公主联手,计划发动政变,立李隆基的父亲、太平公主的亲哥哥相王为帝。政变前夕,部下有人问李隆基是否要请示相王,李隆基回答:"我们发动政变,如果成功,福归相王;如果失败,我们几个死就行了,何必把相王也连累进来!"于是不请示。政变成功后,相王即位,即唐睿宗。时人都称赞李隆基好男儿、有大略。

赵匡胤准备发动兵变,以夺取北周江山,回到家里跟家人商量:"外面都传说我要做皇帝了,我该如何是好?"赵匡胤的姐姐正在厨房干活,当即举着擀面杖追出来打弟弟,虎着脸说:"你一大男人,想做什么就做去,干吗回来吓我们妇人家!"赵匡胤无语而去。这个女人有见识!政变这种风险莫测的事情,何必把家人扯进来,男人当自主。

创业时期,敢于冒险无疑是一种好品质。北宋权宦童贯,初次接受军事任务,前线大军即将开战,突然接到皇帝手诏,皇宫失火,皇帝认为不祥,急令停兵。童贯若无其事地把手诏收起来,告诉将领们说:"皇帝来旨,祝我们早日取得胜利。"战争打得很漂亮,大获全胜。庆功宴上,童贯出示皇帝手诏,将领们一片惶恐。童贯说:"打胜了,皇帝自然高兴;若打败了,杀头的事我一人承担。"大家无不感激佩服。因此战,童贯既立了战功,又树了威信。

有大气魄,才能成就大事业。朱元璋还没称帝时,曾有一支军队背叛了他。后来交战中,这支军队被朱元璋打败,数万人成为俘虏。俘虏们自然极为不安,生怕遭到报复性屠杀。朱元璋下令,从中挑选五百名壮士,编成警卫队,担任自己的宿卫。晚上,灯火通明中,朱元璋酣睡。这五百人见朱元璋如此信任自己,感激不已,从此死心塌地,成为朱元璋夺取天下的基本队伍。

人有时需要经历一些挫折,才能成熟,才能成长得更好。明朝张居正自小有"神童"之称。他十三岁时参加乡试,名列前茅。巡抚顾璘读过他的考卷后,拍案惊奇,连呼"国器",这是国家的栋梁之才呀!但出人意料的是,顾巡抚最终拍板决定:取消张居正的中举资格。因为玉不琢不成器,小小年纪便出名,只会毁了一个天才。就这样,三年后,张居正再次参加乡试,终于中举,从此一帆风顺,最后做到宰相。

明朝时,第一宰相严嵩和次相徐阶争权,斗得厉害,朝中大臣都因此害怕跟徐阶接近,生怕惹祸上身。只有张居正,当时还是翰林庶吉士,该怎么做就怎么做,不仅跟徐阶交往,还当着严嵩的面与徐阶交往,堂堂正正、光明磊落。徐阶见了,很喜欢这个年轻人;严嵩见了,也觉得无话可说,对其也很有好感。张居正因此为自己以后的发展奠下了坚实的人脉资源。

人生贵在坚持,常常是不到最后一刻,就难说胜负已见分晓。元代末年,江苏人张士诚起兵反元,元朝宰相脱脱率领大军前来镇压,把张的部队死死围在高邮城里。张士诚弹尽粮绝，看似根本没有脱困的希望了，更别说反败为胜。可就在这时，元政府内部出事了，脱脱被撤职、流放。元军听到这个消息，纷纷向张士诚投降。张士诚不仅没死，反而实力和士气都大振，迅速反攻，拿下了江苏、浙江的大部分地盘。

做人不能气馁，轻易就对自己的前途说再见的人是傻瓜。严嵩和夏言，都做到了明朝的首辅（第一宰相），但两人的际遇其实大不同：严嵩和夏言都是江西人，论年龄，严嵩比夏言长两岁；论科第，严嵩比夏言早了十二年；论才华，严嵩也比夏言要强。但在官场上，夏言做到首辅时，严嵩还被皇帝遗弃在南京留都里。但严嵩没有放弃，五十六岁那年，他借为皇帝祝寿的名义来到北京，猛找夏言套交情，终于得以留在北京，迈出了事业上重要的一步。

人生不可限量，万事皆有可能！湖南新宁人江忠源，年轻时嗜赌好色，臭名远扬。曾国藩在北京做官时，江忠源去拜访他，到了门口，门卫不让进，说："曾大人有令，你的新宁无赖秀才的名声太响了，不想见你。"江忠源大吼："虽然我名声不好，但岂有不允许人改过的曾国藩？"曾国藩听了，让他进来。两人谈论国事，江忠源慷慨激昂。江忠源离开后，曾国藩感慨不已："我生平第一次见到这样的人，这人以后会名满天下。"江后来办团练，在与太平军作战中因城破自杀而死，被尊为湘军初期统帅。

一个人要是一点压力都没有，就很难有长进。春秋时，晋楚交战于鄢陵。范文子想让晋厉公放弃战争，他说："没有外患必有内忧！国君何不放过楚国，当做是长期外患呢？"晋厉公不听，执意开战。晋国胜利，楚国再也不能对晋国构成威胁。环顾周边，没有了强敌，晋厉公很得意，骄横自满，一年多后，"内忧"果然来了，晋厉公也在政变中被杀。

汉初，平民魏勃想谒见齐相曹参，但没有门路。魏勃打听到曹参有一个手下,住在某处,他就自带干粮做雷锋,天天在这家门前帮着搞卫生。一天,又在做清洁工时,终于被曹的这位手下抓了个"现行",问他想要什么帮助。魏勃说出了自己的愿望。这人很感动,爽快地将魏勃推荐给曹参。后来魏受到重用。如此看来,如今年轻人初进一个单位上班时,天天抢着搞卫生、打开水,是很有必要的!

有一招叫藏拙示仁。少年曹叡随父亲魏文帝打猎。魏文帝射到一只母鹿,然后让曹叡射旁边的小鹿。曹叡凄然道:"父皇已杀其母,我怎么忍心又将失去母亲的小鹿杀死?"魏文帝一听,觉得儿子仁德,下决心立曹叡为太子。无独有偶,清朝道光帝某次带皇四子和皇六子去打猎,皇六子骑射功夫好,收获多;皇四子却以"仁慈"为辞,不肯杀生,感动了道光帝。皇四子即后来的懦弱皇帝咸丰,皇六子就是精明能干的恭亲王。

宋高宗没有子嗣,不得已从皇族旁支中找了两个候补人选,准备考察一段时间后,选一个做接班人。两个候选人,一胖一瘦。宋高宗每人赏赐几个美貌宫女带回去。胖子把宫女都纳为小妾;瘦子则留了个心眼,对宫女们一个都没动。考察结束后,宋高宗立瘦子为皇位继承人,即后来的宋孝宗。

人缘好比什么都重要。在隋炀帝手下时,裴矩可是干了不少坏事。隋炀帝众多臭名昭著的恶行,不少主意就是裴矩出的。但裴矩人缘好,对领导、同事乃至单位的门卫都和气且热情。跟着隋炀帝在扬州时,士兵多是北方人,想家,裴矩就安排相亲会,给光棍士兵们娶南方媳妇。后来士兵叛乱,杀了隋炀帝,但对裴矩可是一根汗毛也没动。大家都说:"老裴是好人,这事跟老裴没关系!"裴矩照样做大官。

长相好就是优势,这在哪朝都一样,不过长相丑也不要自卑。明清"大挑"时,主要就是看长相,五官长得英俊的选为官员,长相次点的做老师,长相太次的就只能干瞪眼。清朝大臣阎敬铭，两只眼睛一大一小，穿得也跟乡巴佬似的，参加"大挑"时，第一轮就被淘汰了。阎敬铭深受打击，常常感慨："一岁三落第。"官挑不上，只好继续发奋读书、参加科考，终于入了翰林，官至户部尚书，成为晚清首屈一指的管钱专家。

人有些特长，平时用不着，可到危急时刻，也许就是活命的手段。清初，清军在辽东大肆杀戮，只有四类人不杀：一是皮匠；二是木匠；三是裁缝；四是戏子。被杀的人中，以秀才居多。有个杨秀才，被清兵抓获时，急中生智，说自己是戏子。清兵让他唱了几句，觉得还像模像样，就放了他。杨某因此侥幸存活，到顺治时，还做了松江总督。

人不可能样样都懂，不懂时，诚实也是一种长处。唐高宗到河南濮阳视察，问地方官窦德玄："濮阳为什么又被称为帝丘？"窦德玄答不上来。宰相许敬宗说："传说中的五帝之一颛顼曾住在这里，所以称帝丘。"唐高宗因此表扬了许敬宗。事后，许敬宗批评窦德玄没学问、太丢人，窦德玄答："人各有所能和所不能，我没有不懂装懂，这就是我的长处。"

做官要各司其职，做人要知道自己的位置。有句话说"在其位，谋其政"，不干越俎代庖的事情。汉文帝时，周勃和陈平做丞相。汉文帝问周勃朝廷一年要处理多少案件，周勃答不上来；又问朝廷一年财政收支多少，还是答不上来。汉文帝很不高兴，问陈平，陈平答："审案的事，问廷尉；财政的事，问内史。宰相只管任用优秀人才就行。"汉文帝深以为然。

西汉时，宰相丙吉在大街上见到有人斗殴，打得头破血流。丙吉装做没看到，命令车夫继续往前走。一会看到有人赶着一头牛在跑，人气喘吁吁，牛也气喘吁吁。丙吉让车夫停下车，自己过去了解这牛跑了多远了之类。车夫不解："有人打架倒在地上您不管，一头牛，您亲自下车去询问？"丙吉说:"打架这种小事,县长、公安局长管就行了;这头牛热得厉害,我想了解是不是因为气候异常,会不会影响农事生产。这才是宰相要管的事情。"

专业能力很重要。北宋时,陈彭年学识渊博,且记忆力惊人。一回皇帝问:"墨智、墨允是谁?"陈彭年答:"就是伯夷、叔齐。"然后让人搬来某本书,告知在哪一页中找,果然就在那一页上找到了出处。皇帝很高兴,没多久,就提拔陈彭年进了宰相集团。

独特的思考力往往能造就成功者。东魏丞相高欢,一次,拿来一堆乱麻,让自己几个年幼的儿子整理。其他的儿子都在认真一根根整理,只有高洋拿来一把刀,将乱麻果断斩断。高欢很惊讶,高洋答:"乱者必斩!"高欢遂认定此儿必有大出息。后来,高洋建立北齐政权。

以诚待人在任何时候都适用。唐将郭元振任安西都护时,西突厥首领乌质勒请和。郭元振至乌质勒牙帐与其谈判。期间,天降大雪,异常寒冷。乌质勒年纪大,会谈后病死。其子认为是郭元振谋杀其父,欲杀死郭。副将劝郭趁夜逃走,被郭拒绝。第二天,郭素服大哭乌质勒,感动其子,不但愿意修好,还敬献大量牛马。

澶渊之战时,宋真宗想派军队从后方阻截辽军,咨询寇准何人可以为将。寇准答:"用名将不如用福将,这么艰难的重任,我看参知政事王钦若就很合适。"参知政事一职的行政级别相当于副宰相,可怜王钦若不过一文弱书生,哪懂战争的事,被逼无奈去了军中。辽军来打时,王钦若不知道怎么办,就躲在军营中潜伏不出。七天后,辽军退去,王也因此立功,升为宰相。危难之际用福将,果真能化险为夷?

跟人相处要看菜下单。隋唐之际有个叫徐文远的教书先生,先是被李密的瓦岗军抓了去,李密曾是他的学生,于是不仅不为难徐文远,还以老师之礼待他如贵宾。徐文远也当仁不让地以老师自居,对李密没个好脸色。后来徐文远又被王世充的军队抓了去,王世充也曾做过徐的学生,也好吃好喝地招待他,但徐文远对王世充很恭敬顺从,跟对李密大不一样。有人不解,徐文远解释说:"李密是宽宏君子,不会在意我怎么对他;王世充就不一样了,是不能得罪的。"

北宋寇准外放知县,上任之初,去拜访郡守唐某。唐某很看重寇准,不仅亲自出城迎接,又把自己的儿子们一一叫出来拜见。其中一个儿子,注意到寇准经过父亲新做的一套鞍鞯时,多看了几眼。待寇准离开时,他便把这套鞍鞯送给了寇准。寇准很开心,心想这小子真机灵,于是到处夸奖唐家有个好儿子。后来寇准做了大官,对唐家也很照顾。

人穷不能穷志气。唐朝时,广东人刘瞻,年轻时做小吏,穷得常去附近寺庙里蹭饭吃。后来因贵人相助,向中央政府推荐他,来了公文要调他去京城。同僚嘲笑他:"这次高升中央,准备做什么大官呢?"刘瞻回答:"运气好的话,就做宰相!"同僚都窃笑不已。刘瞻到了京城后,先在部里任职,然后升入翰林院,后来真的做了宰相,成为唐代广东仅出的两位宰相之一(另一位是玄宗时的宰相张九龄)。

人的心态和做事方式,会随形势的变化而变化。韩信以前在家乡时,曾遭受一无赖少年羞辱,被迫从其胯下爬过。韩信被封楚王荣归故里后,将昔日无赖少年找到,让其做中尉。众人不解,韩信说:"当年我完全可以将无赖杀死,但杀人要偿命,这样自己满腹的才华就会浪费,更谈不上日后建功立业;以前没杀少年,现在更不能,因为自己地位这么高,再报复杀人,人们会说我没有容人之量。"

　　清朝大臣毕沅,优容名士。才子学者孙星衍在毕沅的幕府中生活多年。孙星衍喜欢骂人,毕府其他人都不喜欢他,向毕抗议说:"你要是不把孙星衍赶走,那我们这些人可要卷铺盖走人了啊。"毕答:"你们不就是不想见他嘛,我有办法。"单独建了一处房子给孙住。众幕客虽然嫉妒,也无可奈何。

　　成败之事不在天,而在人。商末,周武王欲出兵讨伐暴君纣王,出发前用龟壳枯草占卜,得凶兆,便决定不出兵。此时,姜子牙大声说:"大王出兵讨伐暴君商纣王,是在替天行道,顺应百姓的呼声。那些龟壳枯草知道什么吉凶祸福? 出兵势在必行!"周武王于是进军,推翻了商朝。

　　唐初时也发生过类似的事。玄武门之变前,李世民还是心里没底,派人去请了个算命先生,占一下事情的吉凶。幕僚张公谨跑进来,一把把占卜的道具摔到地上,对李世民说:"占卜是为了决断要不要做一件事,而如今,这件事是非做不可的,还占什么卜呢! 如果占卜为凶,难道我们就不动手了吗?"于是李世民下定决心,不再犹豫。

　　观人在于细微。三国东吴,武陵郡樊伷教唆蛮人作乱,州长官请求吴主孙权派兵一万征讨。大臣潘浚表态自己去,且只要五千兵。孙权说是不是太轻敌了,潘浚说:"樊伷口才虽不错,却是一个十分平庸之人。有次,他请客,一直到正午,饭菜也没有上来。当即就有十几个人拂袖离去,最后大家不欢而散。从这我就知道这个人成不了大事。"孙权大笑,依照潘浚的意思办,果然大胜并斩杀樊伷。

　　未雨绸缪有时能起关键作用。唐朝末年,岐王李茂贞与梁王朱全忠互不服气。东院主者(皇帝行宫东院的负责人)预测会发生战事,于是将豆类、粟米磨成粉,做成砖块,叠成墙,然后在外面糊上黏土遮盖。此外,还大量增加屋的梁木。全院的人都笑他疯了。后来,岐王和梁王之间发生战争,附近百姓的粮米全被抢光,饿死无数。此时,东院主者将豆砖、粟米砖拿出来煮粥,将梁木砍下来当柴烧,全院的人因此得以保全性命。

成大事须有广阔胸襟。安史之乱时,郭子仪与李光弼同为朔方节度使安思顺帐下牙将,两人不和。后郭子仪代替安思顺任节度使,李光弼进见郭子仪,说自己可以死,只求郭放过自己的家人。郭子仪听后,搂着李光弼泪流满面说:"国家多难,没有将军的帮助,我怎么能打败叛军,报效国家?将军,现在不是你我斗气的时候啊!"两人于是和好,再造大唐河山。

唐中兴功勋郭子仪,每次接见宾客时,身边都围满美貌侍妾。可一听说卢杞要来,郭子仪就将侍妾全部屏退。郭的儿子们非常疑惑。郭说:"卢杞容貌十分丑陋,妇人性轻薄,见到肯定忍不住要笑。将来卢杞得志,我们家就要遭殃了。"后来,卢成为宰相,迫害了许多大臣,唯郭家独免。

唐权阉鱼朝恩,秘密派人挖了汾阳王郭子仪祖坟。后一次,鱼朝恩宴请郭子仪,郭以前的部将请求郭带上将士,以防遭暗算。郭拒绝,只带了几个家僮。宴席上,鱼问郭为何车骑这么少,郭答以鱼无害他之心,何必多随从。鱼感叹郭是长者,从此十分推崇郭,对其处处维护。

唐郭子仪被封为汾阳王后,府邸大开其门,任人出入。子弟们劝说不妥。郭子仪说:"围起高墙,紧闭大门,一旦惹出怨恨,别人罗织罪名,诬告不义之事,就很难说清楚了。现在让它暴露于大庭广众之下,虽有人想进谗言,但都在眼皮底下,谁能挑出什么毛病?"子弟这才醒悟。

大度之人方能让人信服。蔺相如被赵王拜为上卿,位在大将廉颇之上。廉颇不服气,扬言要蔺相如好看。蔺闻知后,就一直躲着廉。蔺门客以为蔺胆小怕事,纷纷要求离开。此时,蔺说:"诸位,你们误解了。你们想,秦国现在为什么不敢攻打赵国？就是因为有我和廉将军在。如果我跟廉将军窝里斗，那正中秦人的下怀，我们赵国也就危险了。所以，我不是怕廉将军，而是以国事为重!"廉听说此事后，向蔺负荆请罪，两人成为好友。

人都有七情六欲，但有成就的人都能自律。曾国藩在别人家里做客，人家小妾长得漂亮，他多看了几眼，回家后就写日记忏悔，连呼罪过。明朝人曹鼐，在某地做官时，抓获了一批盗贼，其中有一美女很动人。曹见了心痒痒的，在纸上写"曹鼐不可"四字，写完就扔火里烧掉，然后再写，再烧。前后共写了烧了几十次，才割下"色"的念头。

人有时候就是管不住自己的一些缺点。怎么办？东汉末年，曹操和刘备聊天，一时嘴快，说了些对袁绍不满的话。刘备转手又把曹操的话告诉了袁绍，袁绍很不满。曹操后悔不已，狠狠心，咬了口自己的舌头，鲜血直流，以此来惩罚自己的失言之过。

工作就该这样子来做：明朝大臣周忱，巡抚江南时，自备一本子，详详细细地记工作日志，包括去了什么地方、做了什么事情、天气情况如何等。一次，有人报告运粮船只某日某时于某地因为遭遇大风而落水。周忱打开自己的工作日志，查该日天气情况，根本没有大风。遂出示此证据给人看，来人惊服。

成功者必定有其超于常人的地方。李莲英是怎么发迹的呢？说起来有点搞笑，别人给慈禧梳头，经常弄得慈禧头发往下掉，李莲英却有手不让掉头发的梳头手艺。于是，李莲英被慈禧相中，从此大发了。

@ 话题二：人生最难得与失

世间祸福，难以言说，所以古人有"三分人事七分天"的感叹。北宋宰相王钦若在杭州做太守时，下属中有个县尉，满头白发，老得似乎连路都走不稳。王钦若很不喜欢，把他叫来，准备训斥一顿。结果一问之下，这县尉竟是进士出身，而且和王钦若是"同年"，即同一年考中进士的人。大家都是进士，各人发展怎么如此不同呢！王钦若感慨不已。后县尉以诗相赠："当年同试大明宫，文字虽同命不同，我作尉曹君作相，东君原没两般风。"

人生最难得与失。王钦若是宋真宗时期最受宠信的宰相，为了巩固自己的权位，害过不少人，又长期秉政，收受各种好处，家里值钱的物件应有尽有。然而,某一年失火,王钦若家收藏的古玩文物、金帛玉器,全部化为灰烬。陈彭年也曾做宰相,与王钦若、丁谓等一起被时人合称"五鬼"(五个坏人),也曾风光一时。陈彭年死后,儿子因贪赃被流放,孙子小小年纪便靠乞讨为生。

寇准原来提拔过丁谓,后来两人闹翻,丁谓使计把寇准贬出朝廷。先打算贬到崖州,又一想,再远点如何? 于是贬到雷州。后来丁谓也失势,宰相冯拯把丁谓贬到崖州(崖州在今海南,雷州在今广东),说:"如果你见到雷州寇准,会不会觉得,人生何处不相逢呢?"

宋朝时,宰相章惇把苏辙贬到雷州后,还不允许他住在官家的房子里,苏辙只好买民宅来住。章惇又诬陷苏辙强占民宅,下令地方官员严审,苏辙拿出买房房契,这事才了。后来,宋徽宗即位,章惇也被贬到了雷州,同样不能住官宅,只好向老百姓买房子。当地老百姓纷纷说:"以前我们把房子卖给苏公,章丞相差点让我们家破人亡,这回说什么我们也不卖了。"

东晋末年,将领混战,桓蔚被刘毅打败后,与部队失散了,孤身逃到一座寺庙,被主持释昌收留。后来桓蔚仍被搜出,刘毅恨释昌和尚收留自己的敌人,也杀之。不料风水轮流转,后来刘毅和刘裕开战,刘毅兵败,也逃到这一座寺庙来,请求僧人收留。僧人回答:"我师傅当年就是因为收留了一位逃将,被将军您所杀,有这前车之鉴,我们不敢收留您。"刘毅长叹一声,自杀。

人生无所谓得意与失意,苏东坡有言:"此心安处是吾乡!"清朝诗人吴兆骞,生于官宦世家,自幼才华横溢。顺治年间,因事被没收家财,流放宁古塔(在今黑龙江省内,清朝最著名的流放地)。在这里,没人管制,生活很自由;吴兆骞又是才子,当地官员子弟争着延为老师,因而不愁吃穿用度。这一待就是二十四年。康熙皇帝时,因为朋友纳兰容若的帮忙,吴兆骞被释放,回到苏州老家。因为不适应南方的气候和生活，一年后即得病去世。临终前，吴拉着儿子的手感叹："我好怀念流放时的生活呀，想想都觉得开心！"

汉宣帝刘病已，年少时日子过得很苦。他父亲本是汉武帝的太子，因为谋反，被武帝杀了，从此小刘也就成了没人疼、没人管的野孩子。长大后，一直娶不到老婆。有个叫许广汉的小官，答应把女儿嫁给小刘，许妻知道后暴怒，和丈夫大闹。好在许广汉是个厚道人，仍然把女儿嫁给了小刘。不料后来阴差阳错，刘病已稀里糊涂被扶上皇位，许家姑娘因此做了皇后。因为这桩"不情愿的婚姻"，许家麻雀变凤凰，成了皇亲国戚。

塞翁失马，焉知非福！做人一定不要太在意一时的得失、福祸。唐朝吉顼的老爸是一州官，想娶崔家的女儿做儿媳，崔家不答应。吉顼的老爸就让人把花轿抬到崔家门口，准备强娶。崔家胳膊扭不过大腿，只得从了。但新娘子坚决不肯。这时候，新娘的妹妹站出来说："家里有难，我愿意代姐出嫁。"于是妹妹嫁了吉顼。后来吉顼做了宰相，妹妹成了风光的宰相夫人。

卫国公子荆，孔子说他很懂得居家生活之妙：一开始有一点财产时，荆说"够用了"；后来稍多一些时，荆说"这就很多了"；再后来，很富有了，荆感叹说："这也太完美了吧！"这样的人真幸福，总是沉浸在满足中。现代人整日为房子、车子、存款奔波，不妨学习之。

人心不足蛇吞象，欲望总是芝麻开花节节高。商纣王即位后，开始制造象牙筷子。箕子见了，连连叹息商朝就要完蛋了。有人问他原因，箕子说："有了象牙筷子，就要用犀牛角和玉做的杯子来配；有了象牙筷、犀玉杯，就会要求漂亮台子、豪华房子、锦绣衣服；再下一步，就会搜罗各种珍奇宠物，建造各种娱乐设施。这样下去，好日子就到头了。"果然，纣王造高台、筑琼室，酒池肉林，很快百姓怨望，商朝灭亡。

　　累心的事不要做。现代人常抱怨累，为什么会累呢？表面原因是生活压力大，根本原因还是诱惑太多、欲望太重。明清时期的著名笔记《围炉夜话》里说："养心须淡泊，凡足以累吾心者勿为也。"某件事，只要让你觉得心累，那么就改变它或不要做它，不要为了某种利益而勉强自己做累心的事情。

　　肥肉人人都想抢，因而易手快。所以聪明人会主动放弃肥肉、拣一块瘦的要。楚国宰相孙叔敖，临死前告诫儿子说："大王屡次要给我封邑，我都没接受。我死后，大王一定会封给你。到时，你一定不要肥地，要个贫瘠的地方。我知道楚国和越国边境一带，有一个叫寝丘的地方，地名不祥，土壤贫瘠，你就让楚王把它封给你吧。"敖之子遵照父命，接受了寝丘的封地。这块地太穷了，没人愿意要，所以世代都属于孙叔一家。到汉朝时，子孙依然生活在这里。

　　视富贵若浮云，大家都会说，但做起来就难了，下面的故事或许能有些启发。郭子仪是唐政府平定安史之乱中的大功臣，皇帝赐他一座大别墅。施工的时候，郭子仪去监工，吩咐一个正在砌墙的泥工说："把活干好了，把墙筑结实了！"泥工告诉他："王爷请放心，我家祖叔三代都是干这行的，在长安不知道为多少豪贵人家盖过府第。可只见过府第换主人，没见过哪栋房屋倒塌了的！"郭子仪听了，默然无语。

　　大富大贵之人，从不会想到自己可能会有穷困潦倒的那一天。"潘驴邓小闲"是王婆为西门庆总结的泡妞五字箴言，其中的"邓"，指的就是西汉的邓通，意思是说要像邓通那样有钱。邓通确实有钱，因为他的后台是汉文帝，汉文帝不仅把大把的财物赏给邓通，还把一座铜山赏给了他，允许他自己开造币厂（铸钱）。想想看，邓通简直就是想要多富有就可以多富有。文帝死后，景帝即位，一步步把邓通的财产全没收了，邓通还欠了一屁股债，最后连吃穿都要靠人接济。早年有人算命说邓通会穷困而死,汉文帝和邓通都不相信,但世事难料,邓通最终还真的是穷死的。

南宋时期,有人在扬州买到一名自称是蔡京府里包子厨的厨子。人让她包包子,她很惭愧地一笑:"我不会。"人惊,问原因。回答:"我是包子厨中专门剥葱丝的。"蔡京喜欢吃鹌鹑羹,每吃一次,厨房里负责捉鹌鹑的人就有十几个,需要几百只鹌鹑。看这蔡京,日子过得够好了吧,后来被罢官流放,蔡京打包了大把的财富上路,但因为他干的坏事太多了,一路上老百姓都不愿卖粮食给他,结果他在半路上竟然被活活饿死了。

人贵知足。唐朝武则天时期的宰相李日知,有一天突然主动退休了,家人知道后觉得很突然,老婆问:"我们家一没积蓄,二孩子们还没升个好官位,您怎么说退就退了呢?"李日知不以为然:"做官能到宰相,就已经很过分了。如果还要贪心,那就太不知足了吧!"

唐懿宗时的宰相毕诚,舅舅在太湖县做伍伯(勉强相当于过去的生产队队长),毕诚觉得面上无光,三番五次要给舅舅安排个官做,实在不行扔了工作到京城来享清福也行。舅舅不答应,说:"官府每年给我六十钱,我生活好得很,不用宰相来操心!"

人比人,气死人。太平公主是女皇武则天最宠爱的女儿,一直是锦衣玉食,要风得风、要雨得雨,日子好得让人嫉妒。有一回,当红大臣宗楚客因犯事被流放,太平公主到宗家府第去参观。宗家府第实在是太奢华了,太平公主看了之后大发感慨:"看了宗楚客的家,觉得我这几十年,算是白活了啊!"

人常容易羡慕别人,看别人,全是快乐;看自己,全是不幸、不满。其实,王公贵胄、平民百姓,都是各有各的幸和不幸。唐高宗的大儿子李忠,早年被立为皇太子,武则天做了皇后后,把李忠废了,赶去今湖北房县。李忠在房县的日子过得提心吊胆,为防武则天派刺客来杀他,经常穿着女人的服饰睡觉。

　　在清朝,做旗人无疑是最幸福的,政府管发俸禄,人人不用劳动、不用营生,孩子从小就有官位等着他。但到了清末,俸禄发不出来了,两百年的享福又造成了旗人的自我生存能力低下,很多人的日子就难过了,无奈只得放下架子出门做工赚钱。清末某官员家有个马车夫,人称三儿,平时挺横的,驾车抢道、冲撞行人的事,没少干。有一天出车,又跟一辆马车抢道,对方马车夫也不是好欺负的,眼看就要打架,意外出现了:三儿看清楚对方车夫后,一个劲地赔罪、讨饶,又恭恭敬敬地让出道来,请对方先过。回到家,官员向三儿打听情况,三儿被逼不过,坦承自己是宗人府(旗人事务最高管理机构)的人,出来打工贴补家用,对方也是宗人府的,至于是什么职位,就怎么也不肯说了。

　　祸兮福所倚,福兮祸所伏,古人的这句话说得真对。明末造反头子张献忠,有一个爱好是杀人。当时有位状元公很得张献忠的喜欢,喜欢到什么程度呢? 一天到晚,形影不离,一刻没看到,就觉得想念。有人觉得,这样的人定然是好福气吧,不过,突然有一天,张献忠说:"我太喜欢这个状元了,一刻不见,即牵肠挂肚,太累人了,不如杀了。"于是状元就人头落地了。

　　武则天被逼退位后,迁居上阳宫。唐中宗率领百官前去问候。途中百官甚是欢庆,独姚崇流泪唏嘘。中宗复位元勋张柬之对姚崇说:"现在是做出这种行为的时候吗? 我看你是想招祸!"姚说:"毕竟曾经是武后的臣子,现在一旦分别,于心不忍啊! 如果因此而获罪,我心甘情愿!"后武三思反扑,姚幸免于难。

　　唐高宗时,南蛮作乱,高宗派遣徐敬业前去平定。徐敬业直接来到蛮营说:"朝廷知道你们是被贪官污吏所逼反,现在愿意回乡的都可以回去。最后离开的才是真正的贼寇。"于是群盗散去。徐的祖父李勣听后,喜忧参半地说:"这小子有勇有谋,但我们家就怕也会毁在他手中。"后徐起兵反武周,被灭门。

　　战国时,列子居住在郑国,生活贫寒。郑国国相子阳听人说列子是贤士,就派人给他送来许多粟米,但列子没接受。列子的妻子一看非常愤怒,说自己命苦。列子笑着说:"国相大人,不是因为了解我、钦佩我,而送我粮食,只是由于听了别人的话才送。这样,也可能有一天他因为听别人的话,而将我杀掉。所以,不如不接受。"

　　有人乐意趋炎附势,也有人情愿躲离热闹。北宋大臣范镇,和苏轼交好,邀请苏去跟他做邻居。苏回复说:"您住的地方,是高档小区,公卿贵人太多,要我天天面对这帮人,得多累呀。我还是蓑衣箬笠,在这里自由自在的好。"

　　清代雍正时期的大将军年羹尧,权势盛时,门客众多。其中有位沈某,年羹尧推荐他做官,沈推辞了。沈要回家时,年羹尧赠送他一千两银子,沈觉得太多,只受了五百两。不久,年羹尧被雍正下狱、赐死,年家被抄,很多人牵连其中,都被发配边疆。沈某因为一没受官职,二则只受了五百两银子,而年家的规矩是花销在五百两以下的,从不记账,所以账本上也没有沈某的名字,沈某从而得以幸免。

　　陕西人高某,在县衙做事。一次押送军饷去新疆,被抢,按律要被砍头。高某思来想去,想到自己以前在京城时,教过一年八旗子弟,其中就有和珅。于是死马当作活马医,找上门去,花了三百两黄金买通门卫,跟和珅见上了一面。十多天后，高某收到两张通知，一张是新疆已经收到饷银的回函，另一张是知府任命书。高某觉得不用杀头，他就很满足了，至于做官就算了。后来和珅垮台，高某因为没做那个知府，平安无事。但高某仍训示家人说："和珅虽败，但我的子孙不要忘了他的大恩。"

人有时候，有些东西，眼看伸手就能拿到，却始终得不到。清朝咸丰时期，肃顺是权倾一时的朝廷重臣，有个师爷名叫高心夔，深受肃顺的器重。有一年科考，肃顺很想把状元之位给高，可是，高做的诗韵错了，连殿试的资格都没有，被列入四等。第二次科考，高心夔考入了二甲。殿试前一天，肃顺打听到考题，提前告诉高，说："你好好准备，当状元肯定大有希望。"考完后肃顺看到高所作的诗，捶胸顿足："完了！完了！"原来又把韵押错了，之后仍然被列为四等。同事王闿运嘲笑高："平生双四等，该死十三元。"

万事可忘，难忘者铭心一段！有些人，明明马上就要离开人世了，对有些虚名仍很执著。清朝道光年间，恭亲王奕訢的生母，一直想让儿子做皇帝、自己做太后，但道光皇帝最终立了其他皇子为接班人。这位母亲临终前，对此仍念念不忘。此时已是咸丰皇帝在位，恭亲王去向咸丰求情，请求赐以太后尊号，否则母亲不能安心去世。咸丰应允了，赐以康慈皇太后称号，这才闭眼。

一个人太在意某事，某事就越容易出乱子。东晋名士殷浩，有"殷浩不出，如苍生何"的美誉。早年曾做过官，因受权臣桓温的排挤，离职在家。有一年，桓温突然想起这位名士，写了封信，邀请他重新出仕，给他大官做。殷浩收到来信，太激动了，回信就写了三四稿，每次都是写完封好后又拆开，重新检查遣词造句。最后总算是把回信写好寄出了，桓温收到一看，信封里空空如也！原来，殷浩紧张得忘了把信装进信封里了。于是出山做官的事，又歇菜了。

为了一点蝇头小利,兄弟相残的事,历史上屡有发生,但父子相争的情况,倒还比较少见。北宋蔡京做宰相,儿子蔡攸也做到副宰相,儿子不满父亲当权,想自立门户做一把手。一天,蔡京正在会客,蔡攸跑来,抓过父亲的手腕就号起脉来,号完脉就跑到皇帝那里,说父亲年老多病,身体不好,请求退休。没几天,果然圣旨下来,蔡京被罢相。不过接过蔡京权力的不是蔡攸,而是另一位副宰相。蔡攸费尽心计,却是为他人做了嫁衣裳。

《红楼梦》里说女强人王熙凤:"机关算尽太聪明,反误了卿卿性命。"所以古人强调,凡事要顺其自然。明末,高钦舜和张养被判处死刑。临刑前,高钦舜让家人向刽子手行贿,请求痛快点死。刽子手如其所愿,痛痛快快砍了高的脑袋;就在这时,皇帝"刀下留人"的圣旨来了,一旁绑着的张养得以从鬼门关活了回来,高钦舜却丢了性命。

时刻保持淡定风度,人生会有意外之喜。唐高宗时,吏部尚书卢承庆负责官员考核。有官员押运漕粮,途中遭遇狂风,漕粮损失严重。卢公对此官员考核为"监运损粮,考中下",其人神态自若;卢暗生敬意,又评"监运损粮,非力所及,考中中",那官员还很淡定;卢佩服得不行,改为"监运损粮,非力所及,宠辱不惊,考中上"。

苏轼因乌台诗案被关进大牢。某天夜里,监狱来了两个人,抱着被子,进来就睡。睡到后半夜里,两人推了苏轼一下,连说"贺喜苏学士",苏轼迷迷糊糊转身,两人则抱着被子走了。原来这两人是太后派来潜伏的,见苏轼睡得跟猪一样香,回去便如实报告太后。太后说:"睡得这么坦然的人怎么可能有阴谋!"没几天,便放出苏轼,安排到湖北黄州做官去了。

北宋寇准罢相后,在家等候中央最后的处理结果。政敌丁谓派人送来处理决定,故意让送信人拿着一把剑,一起挂在马前。寇准正与朋友们聚宴,还不知道处理结果,看到来人来势汹汹,马前又挂着一把剑,大家都很惶恐,以为朝廷要处死寇准。寇准自己倒很淡定,说:"如果朝廷是要赐我死,请出示公文。"打开公文一看,原来是贬往雷州,遂放下心来,与大家继续喝酒。

人,任何时候都要积点口德,损人太过,反会伤到自己。唐朝时,有人推荐元载做宰相,宗室子弟李揆愤愤不平:论门第、论相貌、论文采,自己哪点不比元载强呀! 便在人前挖苦元载是"獐头鼠目",长得就不配做大唐朝廷的宰相。元载做了宰相后,把李揆放到外地去养病,既不给官做,又没有收入,李揆一家百多口人,最后沦落到靠乞讨度日。

名声这东西,虽然当不得饭吃、当不得钱用,但为人者不可不爱惜羽毛、珍惜名誉。宋朝秦桧,杀害忠良,后世人人鄙夷他,以至于有人吟出"人从宋后少名桧,我到墓前愧姓秦"的诗句,道尽人心好恶。明末阮大铖,奸佞卑劣,后世人也鄙夷他。阮大铖本是安徽怀宁人,但怀宁人拒绝承认,宣称阮的真实籍贯是邻近的桐城,结果桐城人也不接受,大家都以身为阮的老乡而耻辱。

财宝虽好,自己内心的适意更重要。宋国一人得到一块玉,前去送给齐国大夫子罕,子罕不肯收。宋国人连忙说,自己已经将玉让玉匠鉴定过,是真的。子罕说:"我将不贪当做宝,你将玉当做宝。假如我收了你的玉,我们都将失去自己的宝,还不如各自保留呢!"献宝人只好离去。

唐朝名将黑齿常之,有过自己扛,有功有赏赐则分给大家。他有一匹心爱的宝马,士兵没照料好,弄伤了,手下人决定对犯事士兵严加处理。黑齿常之说:"哪能因为我私人的一匹马,而处罚国家的士兵呢!"于是不究。

唐宪宗欣赏大臣崔群,下令翰林学士,以后有事上奏,要先呈崔过目。崔说:"翰林的一举一动,都将成为后代效仿的范例。如果我接受这个诏命,万一后来有小人在其位,那下面的直言怎么到达皇帝那?"于是,坚决拒绝诏命。

大事化小,小事化了。隋朝大臣牛弘,有个弟弟嗜酒成性,有次喝醉,将哥哥驾车的牛射杀。牛弘回家时,妻子埋怨道:"小叔子不知发了什么疯,射杀了你驾车的牛!"牛弘淡淡一句:"吃不完的肉做成牛肉干吧。"妻子顿时无语。

北宋名臣王旦,脾气好,宽宏大量。饮食不精不洁时,就不吃,绝不会因此责备厨子。家人故意在肉上弄点墨,王旦不下筷子,只吃白饭,问他,就说:"我突然不爱吃肉。"一天家人故意把饭上也弄点墨,王旦看看,说:"我今天不想吃饭,给盛碗粥吧。"

皇帝让人给王旦家送了十壶美酒,王旦还没到家,哥哥来看到,拿了两壶就要走。夫人说:"这是皇帝赐的,等相公回来看一眼再说。"又把两壶酒拿过来。哥哥不高兴了,一棍打过去,酒壶全破了,酒也流得满地都是。夫人很生气,向王旦告状,王旦不以为意,说:"人生短短几十年,何必计较这些小事呢!"

老师常教"做人要老实",生活中却常有人感叹:"老实人吃亏!"到底老实好还是不好?恐怕只能说,老实有老实的好处,老实人有老实人的福。宋真宗时有一大臣鲁宗道,有乡亲来访,鲁宗道陪他在酒楼吃饭。突然皇帝派宦官来召鲁宗道进宫,宦官在鲁家等了一个时辰,鲁才回来。宦官提醒鲁宗道见到皇帝时,千万别说因为喝酒而来迟了。进宫后,皇帝问起,鲁宗道却仍老老实实地说明原因,真宗皇帝不因此责怪,反而认为鲁老实可靠,更加信任。

明朝时,徐阶以翰林督察江浙学政,时年未满三十。一次考试,一书生的文章中有"颜苦孔之卓"之句。徐阶看后批"杜撰",并评为四等。后该书生拿着书对徐阶说,他引用的是西汉扬雄的《法言》。徐阶立即起身作揖说:"本官太过年轻,学问不足,多谢指教!"于是,改评一等。世人以为大度。徐阶后来官至首辅。

周朝,陶答子为大夫,理政三年,政绩、名声不好却暴富。妻子劝他说:"没有才能而官位显赫是祸害,没有政绩而富裕是积灾。你现在不考虑后果,将来祸患肯定会到来!"陶一听十分愤怒,将妻子休掉。一年后,陶家遇害。

晋国欲攻打虢国,向中间的虞国借道。看见晋国使者带来的厚礼,虞公准备答应。此时,大夫宫之奇劝谏说:"唇亡齿寒,虞国与虢国的生死是相依的。晋国灭了虢国,虞国失去依靠,也会接着灭亡!"虞公不听。后来,晋国借道灭了虢国,回过头来又将虞国灭掉了。

晋国大夫士鞅投奔秦国,秦君问晋哪个家族会先灭亡。士鞅答:"栾家,他们太奢侈了,上天会发怒的!但不至于立即灭亡,应该会发生在武子(栾书)的孙子辈。"秦君问原因,士鞅答:"武子生前对百姓有恩,他的儿子栾黡虽然不争气,但武子没死多久,百姓还不忍心背弃。可到了武子孙子栾盈这辈,武子留下的恩泽已经淡化,而对黡的怨恨却记忆犹新,再加上盈本人不知进退,所以,我断定在盈的手里,栾家一定会败。"后来果然。

梁国大夫宋就曾在某边境县做县令,紧挨楚国。边境两边都种瓜,梁国人勤浇水,瓜比楚国人的好。有一天,楚人偷了梁人的瓜,梁人想报复,被宋就制止。宋就后又派人偷偷给楚人的瓜浇水,使楚人的瓜长势也很好。楚王听说这事后,不仅重金相谢,还因此与梁国签订和约。

　　齐相孟尝君派门客冯谖去封邑薛地催收百姓欠债，冯问收回债后买点什么，孟尝君说缺什么就买什么。冯谖一到薛地，假传孟尝君命令，将所有的债券全部烧毁。回来告诉孟尝君，说自己买了"义"。孟尝君不悦。一年后，孟尝君被罢职回薛地，离目的地还有百里远，就见百姓在路上箪食壶浆迎接孟尝君。孟尝君对冯谖说："先生为我买的义，我今天见到了！"

　　很多老板对员工苛薄吝啬，对寺庙菩萨却极其慷慨，这种人可以读读下面这个故事。宋仁宗时，福州很多老百姓无力偿还欠款，被官府收押。恰好本地一群富人捐了五百万钱给寺庙，准备用来修寺庙、镀金身，来请知州孙觉主持。孙觉说："你们捐钱是为了什么？"众人答："积德修福。"孙觉说："那好，你们不如用这些钱，替老百姓还款，让他们回家过日子。四方百姓都感激你们，这份福德难道会比修寺庙少吗？"于是拿这笔钱去解救百姓的困境。

老祖宗们有许多关于处世哲理的老话，诸如"苟富贵，不相忘"、"路遥知马力，日久见人心"、"曲终人散，人走茶凉"，等等。本期话题便是#人情世故皆学问#，看看古人是如何洞察人情的。

@ 话题三：人情世故皆学问

天下熙熙，皆为利来，天下攘攘，皆为利往。战国时，赵国名将廉颇，失势时，从前天天围在身边转的门客，纷纷卷铺盖走人。没多久，廉颇东山再起，这些人又像苍蝇逐臭一样转了回来。廉颇骂他们忘恩负义，门客们回答："我们本来就是冲着好处来的，您有权势时，我们就跟着您；您没了权势，我们就离开。这是小孩子都明白的道理啊！"廉颇无语。

战国名士苏秦，在各国国君们那里找工作多年，都失败而归。回到家里，父母不待见，妻子不搭理，兄嫂尽给白眼。后来苏秦发达了，风风光光回家，父母老远就敲锣打鼓去迎接，妻子毕恭毕敬、举案齐眉，嫂子脸上堆满讨好的笑容。苏秦很感慨,问嫂子何以前倨后恭,嫂子坦然回答:"因为小叔子您如今地位高、腰包鼓!"

势利这件事,人人都难免俗。丹阳公主下嫁大将薛万彻。某次,唐太宗开玩笑说薛万彻土气,公主因此几月不与驸马同席。太宗听说大笑,宴请夫妻两人。席间,太宗与薛万彻比试矛,并以身上佩刀做赌注。太宗故意输给薛,解下佩刀挂在薛身上。公主见了十分高兴,酒宴结束后,高高兴兴与驸马同车回家了。

人穷被人欺,历来如此。唐朝书生赵惊,娶了个将军家的女儿做老婆,可小日子过得并不甜蜜。因为赵惊科举上总不成功,家里越过越穷,老婆家的亲戚们看不起他们,岳父母也不喜欢这个穷女儿和穷女婿,平时都不愿他们上门。有一年岳父大寿,大摆酒筵,又请了戏班子来唱戏。赵惊的老婆去给自己父亲拜寿,大家嫌弃她,把她隔离在帘幕后面看戏。看到一半时,有人来报,赵惊高中进士了。中了进士就有官做,家里人立即换上好脸色,热情地帮赵惊老婆盛装打扮,请进来看戏。

钱很重要,但人的快乐指数,跟拥有的钱财多少确实无关,甚至有时还起到相反的作用。唐朝官员刘伯刍居住的巷子里有个卖胡饼的,每天早晨,刘伯刍路过时,都能听到他快乐地哼着小调。刘伯刍觉得这人挺不错,就给他投资了一大笔钱,让他好好做生意,而且声明这钱是不用还的,每天给他送两个胡饼就行了。但接下来好几天,刘伯刍经过时,都没听到商贩的歌声了。刘伯刍很奇怪,问他:"怎么最近没听你哼歌了?"这人回答说:"本钱多了,心理压力就大了,没心思再哼歌了。"

名利场上,人们之间的奉承都是虚情假意的,谁要当真谁是傻子。南唐时,大臣张佖,颇有文采。张洎初中举人时,去拜见张佖,攀亲戚关系,自称是张佖的表侄孙。后来张洎中了进士,见到张佖,改称表叔。再后来张洎也做官了,官职与张佖平起平坐,辈分上也平起平坐,又改称张佖大哥。会钻营的人能做大官,等张洎当了宰相,见到张佖就装作不认识了。

有一种灵活是必要的! 孔子周游列国,率领子贡等人前往卫国。路经蒲地时,碰上叛乱。蒲人将孔子一行人团团围住,说只要孔子不去卫国,就让他离开。孔子只好与蒲人签订盟约,保证不去卫国。可一走远,孔子就转往卫国。子贡不解,孔子说:"在胁迫的情况下所签订的盟约,神明是听不见、看不到、不承认的,何必遵守!"

有些世故是必要的。孔子不同意某人时,宁愿背后开骂,也不当面批评。学生宰予说:"三年丧期太长了,为父母守丧,一年就好。"孔子回答:"你要是觉得心安,就随意好了。"等宰予一走,孔子立即大骂他"不仁"。

西汉清河胡常,与汝南翟方进,同为经学博士。胡常是前辈,但名声不及翟方进,因此常常发言抨击翟。翟得知后,每次胡讲学,翟就派学生去听,并且仔细做笔记,带回来供自己学习。胡得知翟欣赏自己的学问,十分高兴,从此不断称赞翟。

伸手不打笑脸人,一打必会被报复。北宋名相寇准,副宰相中有个叫丁谓的。有一次吃工作餐,寇准的胡须上粘了一些饭粒,丁谓见状,连忙上前,伸出手轻轻地为寇准溜胡须。寇准心生厌恶,当着同事们的面嘲笑了他几句:"参政,国之大臣,乃为官长拂须邪?"意思是你好歹也是国家高级干部,怎么还干这种溜须拍马的事? 这下丁谓可记了恨,本来丁谓做副宰相还是寇准提拔的,但后来丁谓使计,把寇准赶出了朝廷。

老底揭不得,老脸打不得。曾国藩幕府中,有个老学士写文章说:"让我坐在美女旁边,问我心动吗? 我会回答,不动。把我放在高官厚禄跟前,问我心动吗? 我还会说,不动。"李鸿裔见了,提笔写道:"美女和高官都不能让你心动,你只想见曾中堂?"嘲讽这种人的假道学。曾国藩见了,教训李鸿裔说:"这些人言行不一,我也明白,他们就是靠这点虚名来混饭吃的,你这样揭穿他们,他们会找你拼命,这可不是小恩怨,而可能是杀身之祸呀!"李鸿裔吓得一身冷汗,从此再不敢轻易批评人。

别把侥幸当必然。同学、朋友之间,有混得好的,有混得差的,真的是因为各人能力上的差别吗? 郑板桥文才一流,但四十多岁才中进士,在官路上一直不得志。不过比较起来,郑板桥自以为算幸运的,他的几位同学都颇有才华,却一辈子落第不遇、叫屈无门。所以郑板桥总结说:"一个人功成名就时,很容易觉得自己文章学问好、能力强,觉得能有今日的成就是理所当然的,是轻而易举的事情,却不知道,这一切其实只是侥幸。"

一个人很难成为样样精通的全能冠军,甚至在自己很得意的项目上。所以人贵有自知之明。唐太宗李世民打小爱好弓箭,自觉也算是半个弓箭专家了。有一回,他拿出收藏的十多把弓箭精品,给弓匠们看。弓匠一看,摇摇头,一把也看不上。太宗问为什么,弓匠答:"这些弓材料就不好,射出的箭,虽然力度是有了,但准度还差一点。"闻言,太宗肃然起敬。

己所不欲,勿施于人。人只有自己经历过伤害后,才会深切体会到以前自己对别人的伤害。北宋大臣寇准,酒量好,不仅爱独酌,还爱找一大堆下属官吏陪着喝。一次,有位下属喝出病来了,寇准还老催他陪喝,直到下属的妻子跑来说情才罢。后来有位道士来陪寇准喝,这下寇准遇到强手了,没几下就喝不动了,道士还使劲劝他喝。寇准这才知道跟高人喝酒的痛苦,并引以为戒,以后再不强人喝酒。

人生有风险,无论贫富贵贱,但不同的出身,抗风险的能力确实不一样。宋仁宗时,欧阳修、蔡襄、余靖、王素,都是谏官,都敢于提意见,人称"四谏"。其中王素是前宰相王旦的儿子,其他三人跟他开玩笑,说:"您是宰相之子,家里也不缺钱,即使哪天触怒了皇上,也不会处罚您太厉害;我们仨就不一样了,跟皇上关系疏远,又是穷出身,皇上要处罚下来,我们都担不起。所以以后凡是向皇帝提意见,请您打先锋!"

"红眼病"是人类最顽强的一种通病,树大招风,名高最易遭人忌。隋唐之际,有个大学者孔颖达,年纪轻轻,学问却极好。有一年开学术大会,孔颖达新见迭出,轻轻松松让所有成名学者相形见绌,一下子引起了轰动。没想到轰动之下,那些颜面尽失的学者们因妒成恨,竟然派了一名杀手,夜里去刺杀孔颖达。幸好,有大人物出手解救,这位名传后世的大学者才得以安然逃脱。

善待对手,即使对方已成输家,因为侮辱对手其实也是在侮辱自己。三国末年,吴主孙皓向北方西晋政权投降。孙皓被押到洛阳,晋武帝设宴招待他。席上,晋武帝指着下首的位置,羞辱孙皓说:"我设此位等你,已经很久了。"孙皓不服气,答:"我在南方也设了这样一个位置等你。"晋武帝尴尬不已。

宁愿受骗,也不要断了后路。安史之乱中,唐代宗的妻子沈氏在战乱中走失,之后几十年,代宗一直寻找未果。代宗死后,儿子德宗继位,继续寻找。有人找到已故宦官高力士的养女,假冒成沈氏,送进宫来。宫里已无人认识沈氏,高氏对宫中旧事又很了解,于是满朝欢喜,即将认为太后。高氏的弟弟知道内情,很不安,揭露了真相。大臣们愤怒了,强烈主张杀掉高氏,唐德宗不同意,理由是,如果处罚了高氏和相关人员,那以后就再也没有人敢提供太后的线索了,德宗说:"朕宁愿被骗一百次,说不定就有一次是真的了。"

历史上还有一次假冒事件，不过结局却不同。宋仁宗先后三个儿子都不幸早夭，之后再无子嗣。某年，突然有人自称皇子，跑到首都来求认亲。原来，此人母亲曾是宫女，被皇帝临幸后不久，正遇宫里遣散宫女出宫，该女也其中，后来产下此儿。政府立即展开调查，证实其母确实曾是宫女，并有御赐的龙凤抱枕（被皇帝临幸的纪念品）为证。唯有一点：其母在生下儿子之前，还生有一女。这下真相明了，假冒皇子及相关人等全部处决。

古人常讲沉默是金，说话须谨慎，确实有道理。明朝立国后，马皇后宴请功臣们的妻子吃饭，席间，马皇后感叹了句："从前我们大家过苦日子的时候，哪里会想到有今天呀！"大家纷纷附和，徐达的老婆也感叹了一句："大家都是穷过来的，如今我家可不如你家。"不久，宫中宴会时，朱元璋端了杯酒来敬徐达，说："我这杯酒是特意来祝贺你可以免去灭族之祸了。"徐达不明所以，回家才知道，老婆被皇帝派人杀了。以朱元璋的脾气，没有迁怒徐达，已是很宽容了。

有些好处，看上去很美，但真不能随便沾，一沾就可能因此送命。清朝继承明制，以科举取士。江苏人吕长音，有幸成为清朝第一位状元。吕长音才华横溢，人长得又帅，中状元时四十多岁，正是"师奶杀手"的范儿。其时当政的是孝庄皇太后，才三十多岁，经常把吕长音召入宫中，谈国事之外，也谈家长里短。太后待他温情款款的，但吕害怕了，于是称病辞职。太后起初不肯，后来还是放他回了江苏老家。

舍不得钱，救不了命。春秋时，陶朱公范蠡次子在楚国杀人被抓，范蠡准备派小儿子带千金前往周旋。但长子认为这是自己的责任，逼得父亲派了他去。到楚国后，长子没能救出弟弟，而是运回了一具尸体。全家人非常悲痛，只有范蠡平静地说："长子去这是必定的结果。上次我之所以要小儿子去，就是因为他出生时，我们家已经富裕起来，他平时不愁吃穿，大手大脚惯了，养成了一掷千金的脾性。而长子与我共同打下这份家业，他深知其中的辛苦，所以比较节俭，甚至有时候不免吝啬。所以，那千金他必然使得不痛快。再加上次子本身就是死罪，这一来哪里还有活命的理由？"

凡事赶早不赶晚，这话真有道理。清康熙时期的大臣徐乾学，把持学政多年，每届科举考试，排名前列的，都是他指定的人。有一年科举前，有个人来拜访徐乾学，出手阔绰，给门子的红包就是黄金十两。徐问他："你是有什么冤屈要申吗？"答："没有。""那你想谋官？""不是。""那你想要什么？""我想当今年的科考状元。"徐皱皱眉："今年的状元已经许人了，其他的名次可以吗？"来人说只想得状元，实在不行等下一届也行。徐答应了。但还没等到下一届科考，徐就下台了。

要小心那些不通人情的人。齐桓公有三宠：易牙是厨子，把自己的小儿子杀了做成一盘蒸肉给桓公吃；竖刁为了服侍桓公，挥刀自宫；卫国公子开方，为了留在桓公身边，长期不回家。桓公被这三人的牺牲精神感动得不行了，但管仲说：爱自己、爱子女、爱父母，是人之常情，而这三人或者自阉、或者杀子、或者父母死而不奔丧，太违人情，是危险分子。果然，后来三宠作乱，活活饿死了这位威名远扬的春秋首霸齐桓公。

强龙不压地头蛇，给别人面子就是给自己面子。西汉初，洛阳城两人有仇，城中贤士侠客多次调解无效。其中一方去请大侠郭解。郭解特意夜访另一仇家，仇家同意讲和。郭解对两家说："你们虽然肯卖我个面子，但我不能夺洛阳豪杰的名誉！你们还得再请他们说一下，而且千万不要说我来过！"连夜回乡。

江湖骗局多，遇到事情时，一定要多用自己的脑子想想，最忌一时冲动。西汉昭帝十几岁登基，国家大权实际掌握在外戚霍光手里。有人检举霍光勾结校尉(中级军官),意图谋反,昭帝看着奏折,嗤笑说:"凭霍光的权势,真要谋反的话,用得着去勾结一个小小校尉么!"于是置之不理。

有些事,一定要明白说出来。隋末笔杆子邓世隆,原来在王世充手下,经常写文章骂李渊一家。唐朝建立后,邓世隆隐姓埋名,躲了快十年。李世民上台后,想起邓世隆有学问,便把他找出来做官,参与编修历史。但邓世隆虽然出来做官了,心里还老想着当年跟李家作对的那点事,精神压力很大,工作时也恍恍惚惚。李世民听说后,派房玄龄去告诉邓世隆:"当年那点事,各为其主,我早忘了,你最好也别老惦记着!"邓世隆这才放下心来。

东晋时,王敦发动政变,朝中有人建议杀掉在京城的王氏子弟,以示报复。王敦的族兄王导在朝中担任高官,听说后率领全族子弟跪在皇宫前求情。大臣周顗(字伯仁)正要去宫里,王导便请周顗向皇帝求情。周顗甩甩手不搭理,等见到皇帝,却积极为王家求情,回家后还写了一份求情报告,紧急送上去。但当着王导的面,周顗都是很不耐烦的样子。之后王敦打到首都,大开杀戒,把周顗也杀了。后来王导看到周顗帮忙求情的奏折,才恍然大悟,但悔之晚矣,留下"吾虽不杀伯仁,伯仁因我而死"的千古哀叹。

积善之家,必有余庆。北宋初年,有人检举魏州节度使符彦卿,宋太祖派大臣王祐去调查,并许诺等回来就升他做宰相。王祐调查之后,认为符彦卿是无辜的,不料宋太祖不满意这个结论。王祐劝告:"五代的皇帝们就是因为猜忌心太重,诛杀大臣,所以都成了短命王朝,陛下要引以为戒。"这下可是捅了马蜂窝,王祐不但宰相没得做,还被贬到外地。不过王祐心态好,说了句:"我不做宰相,我的儿子必做。"而其子王旦,于宋真宗时做宰相,为宋初名相。

人贵有自知之明。唐朝宰相裴度,觉得自己其貌不扬,能力平平,却做了将军和宰相,真是祖坟冒青烟了。下属说:"怎么会呢,就算在当今宰相中,您也是最棒的!"裴度笑笑:"那是其他几位宰相太谦虚了!"

选择团队很重要,与什么样的人在一起,便能成什么样的事。宋太宗曾经派一和尚去给自己的儿子们看相。和尚看了一圈,说:"诸人都比不上寿王。"寿王即赵恒,太宗的第三子,未来的真宗皇帝,这会儿还没起床呢。太宗问:"你都没见过寿王,怎么就这么说呢?"和尚答:"我看见他门前站着的那三个人了,都是宰相之材,由此可知寿王其人。"

无论在什么岗位,工作勤奋努力都是不会有错的。朱元璋当了皇帝后,勤于政务,不论是吃饭还是睡觉,但凡想起一件事,便马上记录下来,以免忘了。有时就把纸条别在衣服上,以至于衣服上常常别着许多纸条,朱自己戏称这是"鹑衣",即破破烂烂的衣服。也正因他如此勤勉,才为明朝带来了"洪武之治"。

背后不说人恶。宋濂是明初开国功臣,明太祖朱元璋称其为开国文臣之首。朱元璋好杀、好特务政治,曾派人监视宋濂,第二天问他,昨晚在家吃了什么、喝酒了没,宋老实作答,朱才满意。又向宋濂打听朝中大臣的好坏,宋不敢不答,就只说哪些人有什么好,绝口不提谁的不好。朱元璋让他说说谁不好,宋回答:"我和这些人有来往,了解他们为人之好处,即使有不好,我也不知道。"

现代社会讲究自我包装,但自我包装也要有个度,不能太张扬,以免让人觉得轻狂。明末诗人邢昉,九岁能文,十六岁能诗,二十来岁名满江南,但他一辈子连举人都没考中过。四十多岁时,邢昉第六次参加举人考试,考官一看试卷,觉得这个人太狂了,先是在试卷上批"太狂",后来越看越窝火,批道"更狂",最后直接把邢昉的试卷给扔垃圾桶里了。邢昉经此打击,愤而作

《太狂篇》，从此不再参加考试，最后潦倒终生。

无钱难倒英雄汉。明朝大宦官魏忠贤当权时，名将熊廷弼镇守辽东，为明朝东北国防事业作出了很大贡献，后来辽东战事失利，被人陷害下了监狱。魏忠贤暗示他，只要送笔大礼金来，就可以大事化小，小事化了。熊廷弼因拿不出钱，魏忠贤就把他当成东林党人，处斩了。

古人常讲，君子之交淡如水。很多人对此不容易理解，其实，之所以要淡如水，是因为爱越深恨就越深，关系特别好的两个人，一旦不和，关系就会变得特别坏。宋朝时，苏轼与章惇，以前是特别好的朋友，两人曾同游同饮，往来密切。苏轼主持贡举时，还取了章惇的儿子为第一名。但后来，章为变法派，苏为保守派，章数次迫害苏，要置其于死地，亏得苏有太后的保护，才得以逃脱。

古人云："义动君子，利动小人。"和人相处，要有的放矢。北宋徽宗年间，金人南侵，逼近都城。徽宗听说长安城中有两人有大法力在身，可以召唤神兵天将助阵，于是派道士林灵素去请。林灵素拜访第一个人的时候，带了一车的珠宝过去，而拜访第二人的时候，什么也没带。结果，两人都被成功请来了。旁人不解，林灵素说："他们一个爱财，给他珠宝他就答应了；一个爱名，我使劲夸他，他就答应了。"

如今宠物继承主人遗产成为富豪的事已再三上演，我国古代也有养宠物、认为宠物比人命值钱的例子。春秋时候的卫懿公就是，他喜爱的宠物是仙鹤，每天来向他进献仙鹤的人民，可以在宫前排起长队。他养的仙鹤待遇非常好，有专门的仙鹤公寓，有专门的仙鹤营养师、护理师，仙鹤们还有专车接送，有荣誉封号。有一年，外敌入侵，卫懿公号召人民起来保家卫国，人民都说："让您的仙鹤将军们去打仗吧！"卫懿公只好亲自上阵，死于乱兵之中。

对于一些心胸狭窄之人,有些玩笑千万开不得。齐顷公时代,晋国上将军郤克、鲁国上卿季孙行父、卫国上卿孙良夫和曹国大夫公子首,一道出使齐国。这四位大使不巧都有身体残疾:郤克独眼,季孙行父秃顶,孙良夫脚跛,公子首背驼。齐顷公故意捣怪,宴会时,按四人的缺陷,相应地安排了有同样残障的人作车夫,齐国群众看了,都窃笑。四使很愤怒,回国后组织了四国联军攻齐,打得齐顷公绕山跑了三圈才得以逃脱。

见风使舵之人常有,落井下石之人亦不少。春秋时,晋国大夫中行文子逃亡,经过一个县城时,随从劝他去见见一个老朋友,休整一下。文子说:"以前,我当权的时候,我喜欢音乐,他就送我名琴;我喜欢美玉,他就送我玉环。这是个迎合别人口味来谋取自己富贵的人,投他,那是自投罗网。"于是迅速离开。果然,后来这个朋友扣下后面的两部车子,交给国君献宠。

战国时,赵国宦官缪贤犯罪,计划逃亡燕国。上卿蔺相如问他为什么,缪贤说以前陪赵王与燕王聚会时,燕王曾经握着他的手,说愿意交个朋友。蔺相如听后说:"那时赵强燕弱,而你是大王身边的人,燕王当然想讨好你。现在你犯罪了,燕王不但不会收留你,还会用你来讨好赵王。你最好是向大王请罪,说不定还有机会免罪。"缪依计而行,得以保命。

东晋时,权臣王敦在政变途中病死,其兄王含想投靠堂弟王舒,但其子王应劝他投靠堂叔王彬。王含认为,王彬为人正直,以前与王敦不和,不能投靠。王应说:"正因为如此,才更应该去投靠。王彬之所以与王敦不和,就是看不惯他的所作所为。以王敦当时的权位,他都敢对着干,说明他是一个极其正直、有操守的人。现在王家式微,他一定会生怜悯之心,收留我们。而王舒只知固守法律,我们还能有活路?"王含不听,投靠王舒,最后父子被杀死。而王彬一直在暗中准备接应他们父子,听到两人死后,很是痛惜。

　　"农夫与蛇"的故事告诉我们一定不要做那位"农夫"。南北朝时,东魏大将侯景走投无路时,被南梁武帝收留。于是,东魏丞相高澄,派使者来南梁,请求议和,梁武帝应允。侯听说后,非常恐惧和议成后自己会被送回东魏,就起兵发动叛乱,梁朝因此灭亡。

　　北魏永平初年,廉范被陇西太守郑融保举为功曹(州郡属吏)。不久,郑融因牵连某事被人举报。廉范得知后,托病离去,郑融甚是愤恨。郑融入狱后,廉范设计谋得狱卒之职,尽力照顾郑。一日,郑对廉说:"你怎么长得很像我以前的一个下属?"廉大声斥责说:"大人您坐牢坐得老眼昏花了?"等郑出狱后,廉又一直照顾病重的郑到死。

　　世人皆谓会逢迎者得利,而真正有技巧的夸人、讨好,都是不动声色就把人夸了。曾国藩平定太平军后,有人去拜访他,高谈阔论间,聊到"欺骗"话题,该人说:"被不被欺骗,关键还是在自己。像曾大人这样诚心待人、品德高尚的人,人不忍心欺骗;像左宗棠那样严于律己、正直的人,人不敢欺骗;还有些人,人没欺骗,他却总疑心人在骗他;有一种最笨的,就是已经被人欺骗了,自己还不知道。"说得曾国藩心里受用,连连点头,准备重用,但一时间没有空缺,便先让他去监督工程。不料没几天,这人拿着工程款,跑了。

　　无论官场、职场,众怒犯不得。大家都知道清初的剃发令,"留发不留头",以致血流成河。剃发令的始作俑者却是一个汉人孙之獬,个中因由,今人看来让人唏嘘不已。孙在明朝时受排挤,明亡清兴后,孙和很多大臣一样,投到清朝做了官。为了向统治者示好,孙把自己的发型搞成清人装束,但上朝时汉臣故意不让他站到汉人队中,满官也不让他进满人队列,孙一恼之下,提出剃发令,要求汉人一律把头发理成满人模样。因为这剃发令,死人无数,孙自己也被反清武装抓起来砍了头。

　　清初,在清政府做官的汉人,常常被视做汉奸、卖国贼。明末大文人钱谦益,就因此处处被人骂。一次聚会,有个叫潘班的年轻人一个劲地称呼钱谦益"兄长",钱说:"我今年都七十多了,你干吗口口声声叫我'哥'?"潘回答:"你这就不对了!你这在前朝生活的岁数,应该放到前朝去算。按照在本朝生活的岁数,我是顺治二年生的,你是顺治元年生的,我们俩也就相差一年。我叫你声'老兄'有什么不对呢?"钱谦益受不了压力,罢官回家,给自己书斋起名"逸老堂"。有人根据这斋名,写了幅对联送他:"逸居无教则近,老而不死是为。"这是一幅藏尾联,前一句典出《孟子》,逸居而无教,则近禽兽;后一句来自孔子,老而不死是为贼。骂钱谦益是禽兽、是贼。

　　清初大臣金之俊,明朝时是兵部右侍郎;李自成打下北京后,明朝灭亡,金之俊向李自成投降;等到清兵攻入北京时,金之俊又降于清朝,做到吏部尚书、大学士。金之俊在清朝做官十八年,清初很多方针政策,都出于他之手,工作很努力、很负责,所以,当时人讽刺他:"从明从贼又从清,三朝元老大忠臣。"

chapter2

为政的道与术

官场如战场，做官可是一门技术活。

#官场心理学#：曹袁官渡之战结束后，曹兵从袁绍的军营搜得许多朝中大臣写给袁的信。曹操立即命令烧毁。众人不解，曹说："趋利避害，人之常情。当时袁绍那么强大，连我都如履薄冰，何况是大家呢！"与袁有过联系的人，闻言心安，以后都全心全意辅佐曹。

转发（19555）评论（29456）

□×××：应该是赵云和关羽，或者关羽和曹操。

□×××：让诸葛亮和周瑜搞断背山。

□施耐庵V：《三国演义》销量不好，看来得再版的时候得加点基情戏。

□刘秀V：这招我也用过。这个曹操、刘备、袁绍都是什么人，为什么没听说过？

□曹操V：@袁绍。阿呸，手下败将！@刘备，什么时候再来一次煮酒论英雄啊？

□袁绍V：曹操小儿，我跟你死磕，有种单挑@曹操。

搞政治是一门技术活，费力费脑，这话不假，在官场上，一句话，一个动作，都透着官场的潜规则。然而对于普通小老百姓来说，政治终究是神秘的、复杂的。今天就聊聊非政治经验课非，了解一些古人的政治艺术。

@ 话题一：政治经验课

很多时候，人都是两害相权取其轻，要是能站着把钱挣了，估计就没人愿意跪着挣钱；要是能堂堂正正地享受做官的好处，估计就人人都愿意做好官了。酷吏来俊臣当权时，只手遮天，官员们都不敢不从。来俊臣垮台后，皇帝训斥官员们帮着来干坏事，有负国法，官员们辩解说："我们枉乱国法，这当然是死罪，但罪只在我自己；而我们一旦得罪了来俊臣，全家人的性命都会没了！"

为政者最怕人民心怀不满，祸乱之事往往由此而起。南宋秦桧当权时，有个读书人伪造了一封秦桧的推荐信，然后拿去找扬州知府安排工作，不料被查出来了,知府将读书人送给秦桧发落。奇怪的是,秦桧知道了这事,不但没有暴跳如雷,反而给读书人安排了一个官职。旁人疑惑,秦桧解释说:"这个人敢伪造我的信件,可见胆量非凡。这种人,如果不用官职笼络住,他肯定会投靠敌人,并不择手段地来攻击我们。"

名誉重要还是官位重要?这是个问题。和珅当权时,他跟前的奴才也横行无忌。一天,和珅的奴才的小舅子,驾着马车在大街上横行,把御史谢振定的车给撞了,撞完了还骂别人挡他的路。谢振定很气愤,抓着该人就打了几十板子,还把他的车给烧了。这事和珅没出手,一姓王的官员不满了,替和珅出手,找了个借口撤了谢振定的官。朝臣评论:谢丢了官,王丢了名誉。

"举世皆浊我独清,众人皆醉我独醒",都是美德,但拥有这种美德而不善用是很危险的。商纣王整夜烂醉如泥,连日期都忘了。问身边近臣,近臣也不知道,于是派人去问箕子。箕子得知后,对门人说:"身为天子却连日子都忘了,这是天下要大乱的开始。大家不知道,而我知道,这不是件好事。"于是,假装喝醉说不知道。

做官要认清天下大势,有些事,宜捂不宜揭。汉献帝时,荆州牧刘表不但不向朝廷纳贡,还擅用天子的礼仪祭祀。献帝准备下诏斥责,大臣孔融劝解:"现在天下大乱,朝廷无力征讨。陛下不能下诏斥责,只能隐忍。如果责备了刘表,使天下人得知这件事,那只能助长天下的混乱!"

领导的宠幸不会是永远不变的,做官要向李夫人学习。汉武帝的宠姜李夫人,得了重病后,就把自己锁在屋子里,无论武帝怎么求她,都不肯出来见人。姐妹觉得她傻,说:"你不趁着现在皇帝对你一片痴情,赶紧为李家多求庇荫,还想等到什么时候?支票不兑换就要过期了!"李夫人答:"女人以色得宠,我现在病成这样子,如果让皇上见到,宠就要变憎恶了!我不让他见,让他以为我还如从前一样美丽,我李家的兄弟就自然得到照顾。"果然,李夫人死后,汉武帝思念不已,对李家人也诸多照拂。

身处高位,当思日后身退之时。明朝严嵩当权时,江西宜春县令刘巨塘进京为他祝寿,祝寿完毕后,不小心被关在严府内。刘巨塘又急又饿,此时严府管家严辛带刘去了自己的住处休息,并且请刘吃饭。饭后,严辛请求刘巨塘以后多照顾他。刘说严辛身在相府,让自己帮忙是开玩笑。严辛说:"大人,您读书人,有些事您还不懂。所谓月满则亏、水满则溢。只求您以后一定不要忘了今日我的请托!"没过几年,严嵩败事,严辛也被抓,幸好刘搭救,才没被问斩。

在位时要思去位时,势盛时要想势衰日,才不至于丧失了本心。荣禄是慈禧太后的侄子,摄政王载沣的舅舅。因为慈禧的信任,当红时权焰熏天,军国大事说了就算;后来不知为什么触犯了慈禧,被冷落,抑郁而死。荣禄死后,朝廷按惯例默哀一日,慈禧不高兴了,大骂:"干吗撤乐?难道他荣禄死了,我还要哭着不吃饭吗?"立即命人奏乐。

不在其位、不谋其政,有时候,真的不能乱操心。唐德宗时,皇宫采购人员在大街上看到什么就拿什么,不但不用花钱,主人还得免费送货,这就是"宫市"。宫市的影响太坏了,太子李诵看不过去,准备找父皇汇报一下,管管这事。太子的老师王叔文劝住了他:"太子,您应该多陪父皇吃吃饭,有事没事去请个安;至于工作上的事情,不要过问,否则皇上一旦怀疑您收买人心,那您就危险了!"

父子之情虽亲,君臣之别更大。明太祖有个贵妃死了,太祖让太子戴孝,太子认为这违背礼制,不肯。太祖大怒,拿着剑要砍太子,大臣赶紧出来劝谏太子,说:"礼仪之事,可缓,但君父之命,不可违背,否则,就会生出嫌隙来了。"太子醒悟,赶紧来向父皇谢罪。

越位高权重,表达意见时越需慎重,不宜轻言可否,不然对人对己都是一把双刃剑。唐高宗要封武则天为皇后,褚遂良、长孙无忌、李勣等商量,准备劝阻。褚遂良主动说:"这事得我先出马。长孙您是老国舅,如果您说不动,皇上就是不敬舅舅;老李您是国家元勋,如果说不动,皇上就会有藐视功臣之嫌。"长孙无忌和李勣深以为然。

官场位置越高,越需要有容人之量,所以常说"宰相肚里能撑船"。齐国名相管仲将死时,桓公向他请教宰相的继任人选,并说自己想用管仲的好朋友鲍叔牙。管仲说:"鲍叔牙是个好人,但不适合总理朝政,他太善恶分明了,疾恶如仇。"后来桓公仍然用鲍叔牙为相,鲍看不惯桓公身边的小人,一气之下,竟生病死了。

公是公,私是私,公私须分明。北宋寇准将罢相,去求宰相王旦给个"使相"(荣誉宰相)的荣誉官衔。王旦推辞说:"官职哪能私下相求!"寇准很不爽。几天后,皇帝和宰相们讨论怎么安排寇准,王旦赞誉了一番寇准,建议让寇做"使相",大家同意了。寇准因此去向皇帝谢恩,感谢皇帝做主。皇帝答:"王旦推荐的。"寇准惭愧不已。

狄仁杰做了宰相后,有一次武则天和他闲聊,说:"你以前做地方官时,有人打小报告说你坏话,想知道是谁吗?"狄仁杰回答:"陛下如果觉得我治理得不好,那我就改进工作;陛下信任我的才干和为人,那是我的幸运。至于说我坏话的人,我看还是不要知道了。"

上有所好,下必盛焉。唐朝魏征有个爱好,嗜吃醋芹。唐太宗请魏征吃饭,面前摆一碟醋芹,只见魏征山珍海味都不吃,就吃醋芹。太宗说:"魏征你老让我不要有爱好,可我看你自己就没做到啊。"魏征回答:"上有所好,下必盛焉,所以在上者不宜有爱好。至于我,也只有这么一个小爱好,不敢因此误事。"

阎敬铭在山西做官时,大力提倡俭朴生活,他自己经常穿着补丁服上班,看见有官员穿着华丽的,必严厉批评。很快,大家都知道阎的这点好恶了,山西官场流行在丝绸衣服上打几个粗布补丁,以至于补丁比衣服还贵。有个候补知县来报到,阎看看他的衣着,很不喜欢,官员解释说:"下官候补多年,不能上任,积蓄已花得差不多了,只买得起这么件衣服,实在没有多余的钱打补丁了。"

做好官,但不做笨官。唐朝魏征是史上第一有名的诤谏之士,一般人以为他是个只会粗脖子红脸、脾气横的人,但太宗李世民有个评价:人言魏征威严可畏,而朕唯觉其妩媚可爱。魏征的"妩媚"在于,他敢于提意见、犯龙颜,但绝不犯傻、自己找死。魏征和太宗有过一次谈心,魏征说:"我有个请求,请让我做一个良臣,千万不要逼我做忠臣!"太宗好奇道:"良臣和忠臣,有区别吗?"魏征说:"有!良臣帮助主上成就事业,自己也有美名,日子还能过得舒舒服服;忠臣呢,虽然也有美名,但主上和自己的下场都很惨。"

人人都愿做大官,殊不知,官大责任就大,风险也大。唐朝岑文本被升为第一宰相后,回到家,忧心忡忡,家人问起来,岑文本说:"我既没在战场上立功,跟皇帝也没有特别渊源,却做了这么大的官,我有压力呀!"有同僚前来恭喜,岑文本也说:"今天只受吊唁,不受祝贺。"后来因为压力太大、操劳过度,五十岁就生病死了。

古代王朝好比一个家族企业,皇帝是老板,宰相是高管,老板怎么处理高管和自家亲戚的关系，对企业来说很关键。武则天称帝后任用李昭德当宰相，他作风强硬，不畏权势，尤其得罪了武家不少人。武承嗣向女皇武则天告状，武则天回答："自从我任李昭德为宰相，我觉也睡得踏实多了，他是帮我做事情的，劳苦功高，你们根本比不了，就别在我面前说他坏话了！"

唐朝时，政府办公的地方叫南衙，皇宫称北司。薛怀义是武则天的面首，仗着女皇的宠幸作威作福，有一次薛经过南衙，跟宰相苏良嗣发生冲突，被苏左右的随从暴打了一顿。薛哭哭啼啼地跑去向女皇告状，女皇安慰他说："南衙是宰相们的地盘，你别去惹他们，就在北司待着好了。"做官最大的盲点，往往是管不住自己的家人，武则天这时还很明智，没有责怪宰相，但后来年老时，宠幸张易之兄弟，就没这份明智了。

人情是一张逃不开的网，有一种做法是，先尽人情，后按规矩办事。唐初，张镇周被调到老家舒州做都督，一上任，张镇周先直接回家，一连十来天，都是请亲戚朋友乡邻们喝酒吃饭。最后一天，酒足饭饱之后，张镇周一改笑容，严肃地说："今天我还是个老百姓，可以跟大家一起吃喝玩乐。明天我就要正式上任了，国有国法，拜托大家以后不要来走后门，如果有人犯法，我也会依法办事。"他说到做到，很快就把舒州治理出了名声。

东汉，苏章任冀州刺史，辖区清河太守是苏章的朋友，但这位太守贪赃枉法，民愤极大，苏想惩办他。一天，苏章请朋友喝酒说："今日晚上，你我在一起喝酒，是朋友的情分；明日冀州刺史在公堂上办案，那是国家的法律。"第二天，他将朋友法办了。

苏轼做地方官时，来往客人很多，接待事务繁重，苏轼的做法是：对于一般人、不愿多接触的人，则安排他天天看美女歌舞表演等节目，自己则躲一边清静，几天都不去搭理；对于有私交的客人，则屏去一干闲杂人员，主客面对面,安安静静地喝酒、聊天。这样大家都满意,前者满意主人的招待丰盛,后者满意主人的情意深厚。

做官最怕请托,上级的亲戚、同僚的朋友,一个个都要求你安排个好差事,神仙见了也发愁。唐代宗时的宰相刘晏,是这样应付请托的:权势之家请刘晏帮忙安排亲戚朋友,拒绝不了的,刘晏一概答应下来,想多快到任、要多少薪水,都保证如愿,但有一条,不给实权,重要岗位必须由刘晏看中的才干之士担任。这样一来,请托人满意,吏民也满意。

南宋陈仲微,初任莆田县尉时,以县尉代理县事。县里某乡绅在一大官面前称赞陈仲徵,并私下里给陈一举荐信,要他去拜见大官。陈收下,藏了起来。一年后,乡绅家欠租税,县衙逮捕他家家奴,乡绅颇有怨言。陈将举荐信完好无损地还给乡绅,乡绅无言。

明广东布政使徐奇进京觐见皇帝,顺道带来一些岭南产藤席馈赠朝中大臣。锦衣卫的人立即上报一份名单。皇帝发现名单中没有杨士奇,就召他问话。杨说:"徐奇,以前受命去广东任职时,许多大臣都为他作诗送行,而当时我有病,就没有参与。不然,名单里面肯定也有我。藤席,广东普通特产,就算大臣收了,应该也没有什么值得怀疑的。"皇帝立即命令毁掉名单。

管住一张嘴,往往比做对一件事更重要。唐高宗死后,中宗即位,母亲武则天垂帘听政。中宗想任命自己的岳丈做宰相,大臣们拼力劝阻,中宗不听,怒气冲冲地说:"我把天下让给他都可以,何况只是一个宰相!"大臣将这话转述给武则天听,武则天立即召集大臣开会,当面把中宗皇帝给废了,另立新帝。

隋初名将贺若弼,为隋文帝打天下立下过赫赫战功。但贺有个缺点,就是嘴巴不牢、爱发牢骚。文帝任命杨素和高颎做宰相,贺若弼很不满,见人就说杨和高没什么本事,是花架子,有时还捎带着嘲笑文帝几句。文帝一生气,把贺关进了监狱。后来文帝念旧情,去看他,说:"我用杨素和高颎做宰相,你干吗老说三道四的?"贺答:"这俩,一个是我朋友,一个是我舅舅的儿子,他们几斤几两我还不清楚么?"进了监狱还这么不思悔改,没救了。后来炀帝即位,炀帝可没他老爹的好脾气,一生气,把贺杀了。

人心是一杆秤,也许不能改变一个人的官运,却能称出一个人生命质量的轻重。北宋寇准和丁谓,先后做宰相,又先后被贬,但民间对二人褒贬大不相同,都赞誉寇准、嘲骂丁谓。崖州官民听说寇准被贬来本地,自动聚集起来,给寇准盖房子。

任何事情都有显规则和潜规则的两面,为政之道也是如此。西魏权臣宇文泰,一次和大臣苏绰密谈,连续三天三夜,据说其中就有这么一段对话。宇文泰问:"要怎样才能治理国家?"苏绰答:"任用官员。"宇文泰问:"能说得详细点吗?"苏绰点点头:"用官员治国,把老百姓搞定了;如果官员贪贿,就不断反贪,这样官员也就搞定了。"

唐德宗时的宰相陆贽,秉性贞刚,严于律己,很正直、很清廉,曾经帮助德宗皇帝渡过多次政治难关。但皇帝对陆贽的清廉很是不理解,有一次亲自开导他说:"做官贪污当然是不好的,但别人送你一些小的礼物,还是可以收的嘛。"后来皇帝还是嫌陆贽太正直了,不能顺应皇帝的心思,于是罢了他的宰相。

古代权力场上,高层之间的斗争是很残酷的。武则天想自己当皇帝,宰相裴炎则支持武则天的儿子当皇帝,结果大家都知道:武则天赢了。裴炎被诬下狱,有人劝他向武则天认个错,请求领导宽恕,裴炎回答:"宰相下狱,怎么可能还有活的机会呢!"一语中的,他很快便被处决。

武则天的亲孙子李守礼,被奶奶关在黑屋子里,达十几年之久。武则天下台后,李守礼才恢复自由,这时人们发现,李守礼能预报天气,是阴是雨是晴,都能说得特别准。有人怀疑他会妖术,李守礼解释说:"我是在黑屋子里关太久了,又经常挨打,身上落下了伤,每当阴雨时,背上就特别难受,每当晴天,背上就觉得轻快。久而久之,我就能预报天气了。"

大臣张柬之、桓彦范、薛季昶等发动政变,逼武则天退位,扶中宗复位,但朝中武三思等人未除去。薛季昶对桓彦范说:"中宗虽复位,但武三思等人还在朝廷。斩草不除根,春风吹又生。武党不除,必有后患!"桓不以为意,说武三思如同砧板的鱼肉,不用担心。后武三思反攻,张、桓、薛等全部遇害。

北宋时,赵匡胤做上皇帝后,他的老娘每天愁眉不展。有人问老太太:"您现在是皇太后了,可谓尊荣之极,怎么却不高兴?"老太太说:"你只看到帝王家的富贵荣华,却不知,一旦变天,你们这些人还可以为新主效力,或者是隐居乡间;而我们这些帝王家的人根本没有退路,非死不可啊。想到这,如何高兴得起来?"

唐初盗贼盛行,大臣建议唐太宗严刑峻法。太宗说:"从古到今,百姓之所以沦为盗贼,不是法律太宽,而是赋税太重,官员压榨欺辱百姓。百姓没有活路,只有铤而走险。所以,杜绝盗贼的根本方法是减轻赋税,惩治贪官污吏,使百姓过上小康生活。这样,盗贼自然就会消失。哪里还用苛刻的法律!"太宗的政策实行数年后,盗贼大大减少。

宋英宗即位不久,慈寿太后(英宗从小就被慈寿太后抱养)暗中送信给大臣韩琦,说是英宗对她不好,请韩"为孀妇做主"。过了几天,韩琦单独觐见了英宗,将信交给英宗,并说:"皇上能有今日,多亏太后的帮助。圣上虽然不是太后亲生骨肉,但这份恩情,圣上不能忘记。您以后只要多加奉承太后,宫中自然无事。"然后韩建议将信烧掉,以防小人离间。之后,英宗与慈寿太后相处融洽。

宋徽宗时,于多地设置敦宗院,以疏散繁多的皇室宗亲。敦宗院挑选贤明的宗族成员为主管,但院中有些辈分高的长者,不服管理。赵令穰刚刚要被派往一处敦宗院,徽宗问他有何好办法,赵说:"辈分比臣高的,我就用国法来处理;辈分小于我的,我就用宗室家法处理。"赵到任后,将敦宗院管理得井井有条。

战国时,魏相公叔痤病重,不久于人世。痤建议魏惠王任用其家臣公孙鞅(商鞅),一切听他的。惠王不置可否。痤又建议,如果不能重用,就将鞅杀掉。惠王走后,痤将鞅请来,说了自己对惠王的建议,让鞅赶快离开魏国。鞅说:"国君既然不听您的话将我重用,又怎么会听您的话将我杀掉呢?"果然,惠王既没有杀鞅,也没有重用鞅。

避非常之祸,只能做非常之事。明武宗时,宁王朱宸濠欣赏苏州才子唐伯虎的才华,就允以重金聘请唐。唐到后,发现宁王正在谋划叛乱,就假装发狂。宁王派人给他送礼品,唐就裸露身体,做出放荡不经的姿势,并且大骂来人。宁王得知后,觉得唐只是一名狂生,就将他放了回去。后来,宁王叛乱被杀。

明初,嘉定有个富豪叫万二。某天,有人从京都回乡,对他说:"洪武帝新近做了一首诗,'百僚未起朕先起,百僚已睡朕未睡。不如江南富足翁,日高五丈犹披被。'"万二一听，认为皇上羡慕起富家翁来，这肯定要出问题，立即买上大船泛舟湖湘。后来，太祖果然将江南的富翁家产全部抄没。当皇帝和官员都开始"仇富"时，富人哪还能有好日子过！

与狼共舞的游戏并不是每个人都能玩的，识相的，最好躲远点。东晋时，郗愔任重要军职，令权臣桓温嫉妒。有次，郗愔派人给桓温送信，途中被其子郗超拦截。郗超一看内容，原来父亲想和桓温共同扶持王室，收复中原。郗超将信撕毁，重写了一封，内容改成他父亲又老又病，请求桓温给一块好地方养老。桓温收到信后十分高兴，立即任命郗愔为会稽太守，以后一直很照顾郗家。

只要是真心想做一位好官，一定有办法做得到。明时，周忱担任江南巡抚，其时大太监王振总揽朝政，任何人想办点什么事，都得王振点头才行得通。王振建宅邸时，周忱暗中让人测量王振家厅堂的尺寸，然后在松江定制了一批材料给王振送去。王振因此甚是高兴，对周格外照顾，周趁机将为治下百姓谋福利的公文报告上去，王振都一概批准。

同样是在明时，浙江按察使周新，听说治下官场风气不好，便微服巡视州县，故意触怒一县官，被捕入狱。在狱中，周新向狱友们详细打探本县情况。第二天，属官前往监狱迎接周新，县官才知被关押的是上司，吓得留下印绶，自个儿离职出走了。以此为戒，以后各州县官员都恪尽职守，不敢有丝毫懈怠。

鲁国法令规定：鼓励民间力量去赎回流落在异国做臣妾的鲁国人，花了多少赎金都可以找官府报销。孔子的学生子贡赎回一人，但子贡不在乎这点赎金，因而没有去找官府报销。孔子听到后，说："子贡做得不对啊！如今鲁国富人少，穷人多，本来因为可以报销，富人们还很有积极性，但他这么一整,以后就怕没人再愿意做这事了。"果然,此后行动者寥寥。可见好心也可能办成坏事呀!

有人溺水,被孔子的弟子子路见到,把他救了起来。被救者为了表示感谢,以一头牛相送,子路接受了。孔子高兴地说:"施恩有好报,以后鲁国肯定会有许多人勇于救落水者。"果然。

鲁国国君派孔子学生宓子贱治单父(今山东单县),同时委派自己的两名亲信跟随。上任后,宓子贱让国君亲信担任抄写文书的工作。可每当他们抄写时,宓子贱又派人拉扯他们的胳膊,令两人不能好好工作。消息传到国君耳中,疑惑的他咨询孔子。孔子说:"国君,子贱只是想说明一个道理,把工作交给别人就要信任他。如果干涉太多,工作就做不好!"鲁君一听,对宓子贱完全放权。三年后,宓子贱政绩斐然。

齐国攻打鲁国,即将打到单父,当地乡老们请求县宰宓子贱,发动百姓们把城外的麦子抢收回来,也不分麦地主人是谁了,反正能抢收多少是多少。宓子贱不准,因而有不少麦子没来得及收割,被齐军割了去。鲁国当政者季孙非常气愤,派人责备宓子贱。宓子贱说:"单父一地损失这一点麦子,对整个鲁国来说算不得什么。但如果我放任人们抢割麦子,那些自己没有麦田的人沾了方便,就会形成不劳而获的习惯,那危害的可将是几代人。"季孙听后赞许。

宓子贱卸任单父宰后,接任的是一个叫巫马期的人。他废寝忘食地工作,但效果不如宓子贱好。于是,请教宓。宓说:"阁下重在用力,而我重在用人。会用力的,事倍功半;会用人的,事半功倍。"

孔子说:"施政过于宽容,百姓就容易轻慢,此时要用严法来纠正他们;

可如果过于严酷,百姓就有可能变得凶暴,此时要用宽大的政令来感化他们。用严厉调和轻慢,用宽容协调凶暴。这样才能做到人事通达,民风和谐。"

俗话说,做事先做人。做人,其实就是经营自己的名声,建立美誉度。商鞅推行新法,唯恐老百姓不相信,于是有一天,他将一根长木立在国都南门,宣布如果有人将它挪到北门,赏金十两。百姓奇怪,无人应命,商鞅把赏金加到五十两。此时,一人上前按章办事,商鞅立即兑现赏金。从此,老百姓都知道了这位老爷说话算话,商鞅颁布的新法,在秦国畅行无阻。

蜀国有人批评诸葛亮吝于赦免,诸葛亮答:"治理天下应本着公正、仁德之心,不该随意施舍不恰当的恩惠。所以,先贤不认为无故赦罪是件好事。又如刘表父子年年都大赦人犯,但对治理国家又有什么好处呢?"

唐宪宗时,大将李愬平定蔡州吴元济叛乱后,恭敬地站在路旁,等候宰相裴度。论品级,李与裴差不多,于是裴想回避。李说:"蔡州民风剽悍叛逆,不知上下尊卑已经几十年。我们这样做,就是要显示朝廷的威严、礼仪,使他们以后懂得尊敬朝廷。"裴于是下马受礼。

元大臣廉希宪,某日一高官来访,廉没给好脸色。前南宋书生拜谒,廉殷勤接待。廉弟表示不理解,廉说:"你不懂!那高官是出卖国家和君主投降过来,才有今天的地位,这样的人不值得尊重。而这些书生是儒学的根基,我们这些从大漠来的当政者,如果不重视他们,儒学就将灭亡!我能不把他们当做座上宾吗?"

西周初年,姜太公受封于齐地,周公的儿子伯禽受封于鲁地。太公到藩国后,无为而治,因陋就简,五个月后就到镐京述职。而伯禽到鲁地后,移风易俗，极力推行周礼，三年后才到镐京述职。辅政的周公说："齐国行政简易，这样老百姓就会亲近君主，归顺君主，国家才能强大。但礼节简陋，人无恭敬之心，齐必有篡位之臣。后代，鲁国必将臣服于齐国，但其国祚会比齐长。"果然，之后鲁国一直遭受齐国欺辱，但齐国于中途被田齐所取代。

春秋时，鲁国国相公孙仪爱吃鱼，官民为投其所好，纷纷向他进献。但仪统统拒收。仪弟不解。仪说："如果接受，以后我就不能秉公执法；不能秉公执法，我的相位就不能长久；相位不能长久，有谁还会给我鱼？不接受，虽然少吃点，但能长久啊！"

春秋战国时，齐国攻打宋国，宋国派臧孙子向楚国求救，楚王欣然应允。回国途中，臧非常忧虑，车夫不解，说救兵已经求到，臧怎么还不高兴。臧说："宋弱齐强，为了援宋而得罪齐，一般人都会有所顾忌，而楚王却很高兴。这说明他根本就没有打算出兵，而是在用好话稳住我们，让我们坚守，以便削弱齐国的力量。"臧孙子归国后，齐国攻占宋国五座城池，楚国却一直未出兵。

有远见者才能识得真正有价值的宝贝。秦末，沛公刘邦攻下咸阳后，将领们纷纷去争夺金银财宝，只有萧何将秦朝宫室中所藏的律令图册等搜集起来。后来刘邦靠着这些"档案"，知道了全国情况，从而夺得天下。论功行赏时，萧何被推为第一，实在是理当其所！

西汉初，曹参继萧何为丞相后，一切按照以前的法规办理，自己日夜痛饮美酒。宾客来劝说曹，还未开口，曹就斟上美酒让他们喝。期间，只要宾客想说话，曹就立即斟上酒。宾客喝醉，始终没有说话的机会。几年后，天下大治，而"萧规曹随"也被传为历史佳话。

东汉时,安西都护班超因年老卸任,接任者任尚问有何赐教。班超说:"西域的这些官吏小卒,都是因为犯罪被遣送到这里,他们不是守法的人。再加上西域土著,未沾教化,民风狡诈。而你个性比较严厉急切。所以,我建议你以后不妨宽容简易些,什么事只要把握住大的原则就行!不然,恐有祸乱。"任尚不听,几年后,西域果然发生叛乱。

西晋时,大臣何曾常常陪侍武帝饮酒。一日回来后,他对子孙说:"每次陪皇上饮酒,皇上谈的都是日常琐事,从来没说过经略国家的长远之计。人无远虑,必有近忧。我看我们家到了孙子辈,就怕要跟着朝廷一起遭祸啦!"果然到了武帝子惠帝继位时,天下大乱,何家子孙也被杀。

安史之乱爆发后,乱军奔首都长安汹涌而来,唐玄宗一行人匆忙逃往四川。离开长安时,看见杨国忠正在指挥一群人烧储物仓库。玄宗说:"你把仓库烧了,等反贼过来,什么也得不到,就会去抢老百姓的。何必呢,烧了也是浪费,还不如留给反贼,免得他们再去骚扰老百姓!"

唐朝大文人韩愈,曾任吏部侍郎(吏部是中央负责官员选任的部门,侍郎相当于副部长)。在他之前,吏部经常大门紧锁,弄得候选官员议论纷纷,以为吏部在搞什么暗箱操作。韩愈到任后,敞开门,听任候选官员进出,并说:"人所以怕鬼,是因为见不着。如果见到了,就不害怕啦!"

唐时,柳公绰任山东节度使。属县一官员犯贪污罪,一官员犯破坏法令罪。后者认为贪污者肯定会被判死刑,结果柳的判决为:"贪污虽然触犯法令,但法令还在;可奸邪的官员玩弄法令,法令如同没有。"于是,将玩弄法令者斩杀。

唐时,柳玭任蜀中泸州郡守,渝州都校牟居厚的秀才儿子,拿着自己的文章来访。牟子文采一般,柳却给予高度赞扬,家人认为太过。柳说:"巴蜀之人,民风粗豪,而这押衙(管理仪仗侍卫的官员)的儿子却独爱文学,难得呀! 受到我的赞美,别人必定以他为荣,巴蜀文风就会渐渐起来。这样,不是很好吗?"

饱暖思淫欲,人的腰包一鼓,就容易变坏,做皇帝的更是这样。北宋真宗时,南昌人陈恕任三司使。真宗命令他将钱谷的数目呈报,陈恕久拖不报。真宗火了,打发另一名官员去问责,陈向来人解释自己久拖不报的原因,说:"陛下年纪轻轻,如果知道国库钱谷充盈,恐怕会产生奢侈浮华之心。这可不是好事,所以不如不报告给他。"

宋真宗时,天下太平,但宰相李沆总是找些不愉快的事情去烦皇帝,像哪里有旱灾了,某地又有农田被淹了,弄得真宗每天都感觉生活在水深火热当中。副宰相王旦认为,这老李总是报忧不报喜,抓着芝麻点大的小事不放。李沆解释说:"皇帝年轻,应该让他知道些国事艰难、老百姓穷苦,不然他会以为太平盛世,便无心政事,不是沉迷于酒色歌舞,便是大兴土木、求神问仙。"李沆死后,再没人给宋真宗念紧箍咒了,果然真宗开始大兴土木、封禅泰山,劳民伤财,大臣们这才发现李沆当年的做法是何其有远见,何其巧妙!

宋仁宗时,海盗进攻江苏高邮,知军晁仲约兵力少,就让富人拿着财物、酒食去迎接海盗,以阻止海盗攻城。朝廷得知后,大臣富弼提议将晁仲约正法,但范仲淹反对,仁宗接受了范仲淹的意见。富弼非常气愤,范仲淹说:"本朝从太祖开始,非谋逆之罪,难得处死大臣,这难道不是一种美德吗? 怎么可以轻易破坏? 至高无上的皇帝,一旦做顺手了这种事,阁下与我恐怕性命难保啊!"后富弼因事害怕皇帝处罚,这才感叹范仲淹之眼光。

宋仁宗时,大臣石介编撰《三朝圣政录》,献给仁宗。献之前,请教宰相韩琦。韩琦指出其中一件事：太祖沉迷一宫女，耽误上朝；群臣议论纷纷，太祖将宫女杀掉。韩说："这种事可以值得万代千秋效仿吗？ 自己沉迷于宫女美色，过后后悔又将她杀掉！宫女有何罪？ 这种事列于其中，恐怕不是劝君为善之道。"石佩服，删去。

宋仁宗时，大内发生火灾，一片狼藉。第二天清早，大臣上朝，宫门未开，许久仁宗才来到拱宸门楼，隔帘面向群臣。百官一起跪拜，只有宰相吕端站立不动。仁宗派人问他何意，吕端答："皇宫火灾，大家想一见圣颜！"仁宗只好拉开帘子，靠着栏杆向下让群臣瞧。吕端认清是仁宗后，这才跪拜。后世因此赞吕端"大事不糊涂"。

宋英宗刚死，宦官急找太子进宫。太子尚未到达，英宗的手突然动了一下。大臣曾公亮不觉惊愕，急忙通知韩琦，想让他阻止太子进宫。韩说："就算先帝死而复活，也只能是太上皇，太子为何不能进宫？"说完，再次派人催请太子进宫即位。

北宋名相王旦，曾任兖州景灵宫朝修使，宦官周怀政随行。每次有人求见，王旦都必定等侍从到齐后，穿戴整肃，然后才正式接见。听来人说完事情后，立刻起身退堂。后周怀政因事被杀，朝廷一点都没怀疑王旦。

北宋时，大臣范镇在朝廷很有威望。子弟们到外地任职，纷纷向范镇求取介绍信，范都予以拒绝，并说："在仕途上，特别是处在高位的人，不可结交太多的人，以及接受别人的恩惠。不然，你就很难再有所作为。"

宋英宗即位，依例赏赐群臣。过后，英宗又给予大臣富弼例外赏赐。富弼说："我如果接受皇帝例外赏赐，那以后皇帝做例外之事，我有何脸面去阻止？"坚辞不受。

宋哲宗即位初期,年幼,大臣每奏事,都直接禀告宣仁皇太后,而不理哲宗。只有苏颂每次都要征求哲宗的意见。哲宗亲政后,许多大臣被贬,御史想连苏一并弹劾,哲宗说:"苏颂素来通晓君臣大义,不要轻率地议论这位国老!"于是,苏继续在朝为官。

北宋末年,太监冯益有违法事,大臣张浚请求予以处斩,大臣赵鼎认为流放即可。张浚十分生气,赵鼎解释说:"太监身心扭曲,报复心强,如果操之过急,他们勾结起来,危害很大。而缓慢处理,将冯益贬到远处,宫中空出一个位子,宦官们图谋晋用,互相争斗,岂不有利于社稷?"张服。

明朝时,罗通以御史的身份督察四川。蜀王财富甲天下,进出僭用天子仪仗。按察使来见罗通,说如果按实情上奏,怕蜀王会有灭顶之灾。罗通说:"这很简单,你们就偷偷告诉蜀王,这些仪仗是唐时玄元皇帝庙(玄元皇帝庙,安史之乱时,唐玄宗所建)中的供器,不能私用,应该将他们送回去。"依此而行,救了蜀王一命,蜀王从此也收敛起来。

以退为进法。光绪皇帝满十八岁了,慈禧表面上不得不"归政",但心里又不愿意,仍然是什么事都不肯放手,大臣的奏折虽然标明是呈给皇帝看的,但最后往往仍要送到太后手上。支持光绪亲政的御史屠仁守,为此上了一道奏折,公开要求政务文件、官员奏章都必须写明"皇太后圣鉴"字样,也即,以后大家的奏章干脆直接呈给太后批示。拿到这份奏折,慈禧很恼火,只得再次声明自己已经"归政"。

阻塞言路,后果很严重。清朝道光皇帝初即位时,对政务不熟悉,批奏折便成为一项苦差。军机大臣曹振镛献计说:"现在天下太平,根本没什么大事,都是官员们危言耸听,说这不好那不对,以此邀功。皇上要是因此指责他们,人们会说您不听劝谏。我建议,您奏折不必全看,挑几个奏折上的文字错误,狠狠地批评一下,官员就会认为皇上明察秋毫,以后就不敢胡乱上奏了。"道光一听,认为是好主意,就按此办理。很快,官员们都轻易不敢上奏折了,生怕被揪小辫子,以至于太平军初起时,官员们都不敢上报。

有人说身在官场，要学的无非是两种学问，一种是事上之道，一种是驭下心经。这话虽然功利，但也有几分道理。官场就是一个人情网，把握好各方面人物的心理，是官场生存的前提。本期的话题是 # 官场心理学 #。

@ 话题二：官场心理学

不能因为怕得罪人，就轻易拿领导当挡箭牌。武则天主政时，很多人因牵涉进徐敬业叛乱事件，被贬职或流放。有一官员被贬后，来找宰相们打听原因，蹇味道把责任推给武则天，说："这是太后的旨意！"刘袆之则把责任揽自己身上，答复说："是我奏请太后的，你依例应该降职。"武则天知道这事后，把蹇赶出中央政府，而大大表扬了刘。

对领导的意思要顺着，不可逆着来。唐初卢祖尚，很有才干，有一回交州都督（辖地包括今越南以及我国广东、广西各一部分）犯了事，被撤职查办，朝廷讨论继任人选时，大家都推荐卢祖尚。唐太宗亲自找卢祖尚谈话，说:"交州这地方很重要,必须选个好干部去当长官,这个重任就交给你了!"卢祖尚当时应允了,但隔几天后又反悔,觉得交州太远,去那当官不是个好差事。太宗跟他谈话,开导他,也没用。太宗很生气,说我安排个干部都安排不动,这哪行!于是将卢斩首。

　　领导也是人,和领导建立起了"谈心"的感情纽带,就会更容易获得支持。曹丕和曹植兄弟俩,都很优秀,老爸曹操下不了决心选谁来接班。一次曹操要领兵出征,哥俩去送行,曹植给父亲朗诵了自己连夜写的一首诗,文采飞扬,曹操赞赏不已;曹丕则上前就哭,一副既舍不得父亲离开、又为父亲身体担心的情形,曹操感动不已。感动当然比赞赏好,在父亲的支持下,曹丕后来顺利接班。

　　隋文帝让杨素建一座皇家别墅,杨素把事情交代给封伦。别墅建好后,文帝来检查工作,看了后觉得建筑太过华丽,大骂杨素:"花这么多钱,把房子建得这么奢华,你是存心想让老百姓都骂我是吧?"杨素一脸沮丧,回去后找来封伦,准备也一顿大骂。封伦说:"你别怕,明天等皇后看了,你就等着领赏吧!"果然,第二天,文帝和皇后笑眯眯地表扬了杨素,又奖给他一袋珍珠宝贝。封伦解释说:"皇帝得听皇后的,皇后喜欢漂亮的房子,所以有奖!"

　　宋真宗想搞形象工程,去泰山封禅,但宰相王旦坚决不同意。一天,真宗把王旦找去喝酒,喝完酒又送了王旦一坛酒。王旦到家一看,这哪是酒啊,是一坛子金银珠宝!王旦明白了,还是为了封禅这事,领导都低姿态到这程度了,不同意也不行了。第二天,王旦上奏,积极组织封禅大典的筹备工作。

　　历史上也有一些耿直之臣始终不肯给领导面子,从而惹祸的。唐高宗想立武则天为皇后,向元老重臣、舅舅长孙无忌说尽好话,又派人悄悄地往长孙家里送去十车珠宝绸缎,长孙仍不同意;武则天让自己的老娘跑到长孙家,说好话请求他,长孙仍不答应。后来高宗突破障碍,成功册立武则天为皇后,夫妻俩便开始报复长孙,长孙一家死的死、流放的流放,荣盛上百年的长孙家族从此没落。

做官要有官商,有些人一辈子身在官场,却依然不能明了其中的奥妙。刘祎之是唐睿宗登基前的旧班人马,睿宗即位后,实权掌握在老妈武则天手里。有一回刘祎之得罪了武则天,被下狱,睿宗当然要护着他,于是跑去向武则天求情。有人来告诉刘祎之,说皇帝亲自为你求情去了,你肯定没事。刘祎之一听,摇摇头,说:"皇上不去求情还好,一求情,这不是催我死吗?"果然,处决令很快就下来了。

苏轼因乌台诗案入狱,朋友张方平想救他,写了封情绪激亢的信,往各衙门去投,但各府都不接收。后来苏轼出狱,看到张方平的这封信,吓得直吐舌头。苏辙也看了信,跟人感慨地说:"幸亏这信没有投递成功,不然苏轼就没命了。苏轼就是因为名气太大,招人嫉恨,这信里却还说什么苏轼文章天下奇才,皇帝要是看到,岂不抓狂!"别人问,那应该怎么写,苏辙说:"只说本朝成例,不杀士大夫,皇帝怕负恶名,自然不肯杀苏轼了。"

"拍马屁"也要"拍"得其所。南宋时,钱塘县令程松寿,千方百计想拍韩侂胄的马屁而拍不上。韩有个小妾,因故被赶出韩家,程听说了,赶忙花大价钱买到家里,好吃好喝供着。没几天,韩又念起这个小妾的好来了,派人去找,程赶紧把人送回来,并说明情况。韩很高兴,提拔程做了谏议大夫。不料程嫌官位不够大,又买了一个美女,取名"松寿",送给韩大人。韩很喜欢,问她怎么和程大人同名,美女答:"就是想让您一听到这个名字就能想起程大人呀!"韩只好又给程升官。

清人沈德潜在书中记载说,嘉靖时,道士张振通写了二十多首诗,拍皇帝的马屁,并请求皇帝赐序,结果马屁没拍着,嘉靖皇帝不给好处,反而把他打入了大牢。沈德潜的评论是:皇帝喜怒无常,拍马屁有没有好处,得看运气,所以,刻意去讨好领导是没有用的。

明宣宗爱搞怪,常把金豆子撒地上,看下人哄抢,以此为乐。有一回去史馆,又玩这游戏,把金豆子撒地上,让大臣们随便捡。皇帝发话了,大臣们不敢怠慢,何况捡到了都是自己的,于是都撅着屁股捡金豆子。只有李时勉有志气,不为所动,皇帝觉得很没面子,便从衣袖里取出钱来,赏赐李。

清朝康熙年间,有人状告大臣高士奇,说他收受大量贿赂,财产来历不明。康熙把高士奇找来审问,高回答:"大臣们之所以愿意馈赠我一些好处,那是因为皇上您宠爱我,都是给您面子,不然我高士奇算什么!再说了,我有因为收人家的钱,而影响过皇上您的决策吗?没有呀!所以说,他们想收买我也没用,而我则因此而得以衣食无忧!"康熙帝遂不再追究。

清朝康熙年间,大学士明珠管理下人很有一套。明珠做了多年大学士(相当于宰相),门客家奴众多,但都不敢胡作非为,这一点,深受时人赞扬。明珠的方法是"高薪养廉":广置田产,让奴仆们打理,给他们很高的薪水、奖金,但不能在外面做生意,更不能干违法乱纪的事,谁要有不法行为,非杀即逐。幸而没被杀而赶出明府的人,基本上就等于失业了,没人再愿收留,人们会说:"你在明府都混不下去,在别处还怎么混?"

在上级面前,气要受得,让你等,你就得等得。清朝乾隆年间有位官员叫王文治,他在做云南太守时,一天去拜见云南督抚,在客厅等了很长时间,以至于肚子饿了、口渴了,累得打哈欠伸懒腰了,还是没有见着长官一面。王文治因此作诗云:"平生飞扬跋扈气,消尽官厅一坐中。"

与领导保持距离，也是一种官场艺术。北宋时，唐肃与丁谓对门而居。后丁谓将入朝为高官，唐肃就迁居远处。有人问他为什么，唐肃答："丁谓入朝肯定会担任重要官职。住这么近，我如果与他亲热，别人会认为我在攀附他；如果不理他，丁肯定会内心不满。所以，不如干脆搬离。"

王守仁平定宁王朱宸濠之乱后，非常担心朝廷当权宦官陷害自己。有一次，恰好两位宦官来王守仁辖地办事。王守仁就请他们饮酒，喝到一半时，他拿出两箱书简交给宦官，全是宦官结交宁王的信件。宦官感激，此后无一宦官说王守仁坏话。

做领导的，既要一碗水端平，又要特别人才特别对待，着实不易。清朝陶澍做两江总督时，严禁下属官员花天酒地，发现了就要痛骂，唯独对胡林翼特别优容。有人说："胡林翼和我们一起去的，怎么您从不骂他啊？"陶澍答："胡林翼以后要干大事的，有他操劳的时间，现在就当是把以后的补上吧。"后来胡林翼创建湘军，规划战略，为最终平定太平天国立下了汗马功劳，但因为操劳过度，壮年便去世了。

秘书工作要这样子做。唐朝人吴融，在宰相韦昭度手下做秘书。一开始，起草的文书都不得上司的意，老挨批评，吴融很苦恼。有人指点他说："你文章是写得好，但写的都是你自己的风格，不是宰相的风格。"从此，吴融努力学习宰相的风格，揣摩宰相的说话方式，这样写出来的文章，就很得宰相的喜欢了。

有一种人才，你没成功时他给你精神鼓励，你成功后他就是麻烦制造者，他们是谁？答曰：相士。五代时，晋阳相士周玄豹给李亶看相，说李亶日后必大贵。果然，李亶后来做了皇帝，即后唐明帝。登基后，李亶将周玄豹召入京城，准备好好感谢他。大臣赵风说："您既然已经做了皇帝，而周玄豹的相术这么靠谱,您若还把他留在京城,对陛下和大臣来说,恐怕都不是什么福音!"李亶想想极有道理,于是打发周相士回家养老去了。

老板永远都是最愿意用忠心的人。后周时,北伐的大将赵匡胤发动兵变,率兵回京。行至陈桥门时,守门官吏拒绝给他开门;而来到封邱门时,守门官吏远远看见就打开城门。赵匡胤登基后,将封邱门官吏处斩,对陈桥门官吏重赏。

后周时,大将赵匡胤向掌管宫中茶酒的曹彬讨要酒喝。曹彬拒绝了赵匡胤想揩公家油的企图,自己掏钱买了酒给赵喝。赵因而觉得曹对国家忠心,对朋友讲义气,称帝后,视曹为心腹,重用。

官渡之战前,谋士田丰劝袁绍:不要跟曹操硬拼,应据险固守。袁绍不听,把田丰关进监狱,领军自信满满地去打曹操,结果大败。狱吏把消息告诉田丰,说先生料事如神,袁主公回来一定会重用你。田丰摇摇头:"如果大军得胜,我还能活命,这下打输了,袁绍丢不起人,肯定要杀了我。"果然,很快,袁绍派来处决田丰的使者就到了。领导的心思果然很微妙!然而田丰对袁绍的心理揣测得这么准,却还在袁绍手下做事,实在是不明智。

用别人的死来掩盖自己的错误,这样的事,袁绍之后还有人干过。前赵大将赵染,带兵攻打西晋。赵染轻敌,手下鲁徽劝诫:"我们是客场作战,晋军会拼命抵抗,可不能轻敌。"赵染不听,早上让士兵们空着肚子就去攻城,说是攻下城后还来得及吃早饭。结果这一打,很多士兵就没回来,赵染也是狼狈突围而归。回来后,觉得没脸见鲁徽,就把鲁杀了。

对待下属,理应一视同仁。唐高祖李渊初起事时,在攻下霍邑后,照例论功行赏。一军吏认为应募来的奴隶,不应该与其他战士同等受赏。李渊说："在战场上，刀枪是不分贵贱的，现在论功行赏，又为什么要分贵贱呢?"

后汉高祖刘知远，准备向百姓征取财物来赏赐将士。夫人李氏劝说："陛下于河东创立大业，还没有施恩于百姓，怎么能夺取他们的财物呢! 请将军中的物资拿出来赏赐将士，虽然少，但此恩一施，谁还能怨恨陛下?"高祖照办，将士百姓都很欢欣。

"装糊涂"亦是一种领导艺术。宋太宗时，殿前都虞侯孔守正，与一官员王荣，伺候太宗宴饮喝醉，两人为军功大吵。左右侍臣请求太宗将二人下狱定罪，太宗未许。第二天，两人一起进宫向太宗请罪。太宗说："昨日朕也喝醉了，不记得你们有什么过错。"

宽容更容易获得忠诚。楚庄王宴请群臣，席间，灯突然消灭，一将军趁机调戏庄王爱妃，被扯下帽带。楚王立即让群臣全部扯下帽带，然后才重新点灯。后在一次战争中，一人勇救庄王，正是那位调戏者。

西汉丞相丙吉，有一次外出，他的车夫因醉酒，在车上呕吐。属官建议将车夫赶走，丙吉说："因醉酒开除一个人，那他以后还怎么谋生? 呕吐小事，算了!"后来边郡发生紧急军情，那位车夫是边郡人，便告诉丙吉一些自己知道的情况。后皇上询问，丙吉因有所准备，受到称赞。

唐太宗在外征战，安排房玄龄留守京城，并交代：有什么事你看着处理。一天，房玄龄派人送来一个人，该人见到太宗，说："我有事要报告，房玄龄谋反!"太宗一听，当即把来人斩了，又下旨给房玄龄，以后再有这样的事直接处理，不用请示。这事与其说太宗信任房玄龄，不如说，更该赞的是太宗反应敏捷：房若真谋反，怎么会送这么个人来? 这事如果不果断处理，稍有迟疑，比如派人调查一两天，岂不表明太宗对房有疑心，君臣以后还如何共事?

太宗果然聪明!

做领导,要有领导的范儿,别老把自己当技术员。宋真宗时,一御史台老隶,每逢御史有过失,就将手中的梃杖拿直。有一次,见御史范讽反反复复地吩咐厨师怎样做菜,他就拿直了梃杖。范讽问原因,老隶答:"凡是指派人做事,只要告诉他基本的方法就行了。像您这样喋喋不休,如果当宰相,那您忙得过来吗?"范讽听后极是佩服。

姚崇做宰相时,有次要任命几个人,去向唐玄宗请示,说了几遍,玄宗都不搭理。等姚崇走后,玄宗派高力士去告诉姚:"像任命几个人这种事情,你决定就行了,不用请示!"姚崇顿时化紧张为力量,更加尽心工作。

唐宣宗当领导,很会搞一手软一手硬。宰相们来汇报工作时,宣宗高高在上,一脸严肃,威严得很。过一阵后,又换上温和笑容,跟宰相们说,先课间休息会,咱们来扯些街头八卦、娱乐新闻。聊得不亦乐乎时,又突然摆出皇帝威严,板着脸孔谈正事。该下班了,就对宰相们说:"要努力工作呀,如有违法,以后就见不着面了!"

光有才干是不够的,还要了解上级最忌讳的是什么。曾国藩湘军初兴时,在湖北打了胜仗。咸丰皇帝看到捷报后,欣喜不已,马上下了一道圣旨,要让曾国藩署理湖北巡抚。军机大臣祁寯藻知道后,劝阻咸丰皇帝:"曾国藩离职在家,不过是一匹夫,但他一呼,竟然召集了这么一支大军,这对国家来说,恐怕不是一件好事呀!"咸丰皇帝一听,官也不给了,只让曾国藩继续艰苦作战去。

北宋名将狄青,自恃有功,甚是骄傲自满。每次朝廷发放衣粮,狄青都对士兵说:"此狄家爷爷所赐!"大臣向敏忠建议将狄青外放节度使,仁宗认为狄青功高是忠臣,不忍心。向敏忠说:"太祖不也是周世宗忠臣吗,但他得军心,所以在陈桥驿,士兵拥戴太祖为皇帝了。"仁宗默然。最后,狄青被外放,后忧死。

办什么样的事,就用什么样的人。孔子有一回出游,驾车的马偷吃了农民的庄稼,被农民扣留。孔子派最能说会道的学生子贡去交涉,子贡讲了一堆大道理,农民听不懂,把他赶走了。孔子又派了马车夫去交涉,马车夫对农民说:"你从未离家到东海之滨耕作,我以前也不曾到过你这来。两地的庄稼长得一模一样,马怎么知道那是你的庄稼不该吃?"农民摸摸脑袋,觉得有道理,就把马还给了孔子。

唐朝时,韩滉的一位朋友的儿子来投靠他,可这人一无所长。后来,韩让该人一起参加酒宴。在酒宴上,该人一直端坐不语。于是韩让他看守军库门房。该人于早晨一直端坐到黄昏,士兵从此不敢随便进出军库。

信任一个人,就要放手让他去施展。晚清骆秉章做湖南巡抚时,左宗棠还只是个举人,在骆秉章的幕府中做师爷。不过左师爷脾气大、才能更大,什么事,都是左说了怎么办,骆就怎么办。左宗棠甚至可以自行以骆秉章的名义上奏,而无须让骆看过奏折内容。一天,骆秉章听到外面炮响,问:"怎么回事?"旁人告诉他:"左师爷在发军情奏折。"(地方官递送奏折时须鸣炮送行)骆只说:"回头找师爷要奏稿来让我看看。"

有本事的人往往有性格,手下人才之间起内讧,领导该怎么办?鲍超和多隆阿,是胡林翼手下的两员虎将,鲍指挥步兵,多指挥骑兵,两人谁也不服谁。胡林翼经常激励他们,同时也敲打他们,对多说:"鲍超作战勇猛,但幸亏有你的骑兵队协助他,所以鲍超的功劳其实都是你的功劳!"对鲍则说:"多隆阿老说你有勇无谋,你要建立功名来证明自己,这样才能堵住他的嘴。"

用人有时还须不拘一格。关中闹饥荒,唐高宗准备驾临洛阳。那时从长安到洛阳一路治安不好,高宗担心沿途会遇强盗,命令监察御史魏元忠来负责安保工作。魏接到任务后,跑到长安监狱里,找出一个强盗头子,让他参与"护驾"。高宗出巡时,强盗头子也乘车跟随在后面。果然这一路下来,平安无事,一文钱一根草都不曾丢。

宋真宗时,镇守关中的曹玮,屡次请求朝廷派人接替他的职位。王旦向真宗推荐了李及,但有人认为李及谨慎忠厚,不是守边的将才。可李及到任后,立即取得了军民的认同。之前对此有异议的人不解,请教王旦。王旦说:"我之所以推荐李及,就是因为他的谨慎和忠厚。这样才能保持曹玮已经取得的成就。换了别人,肯定会自作聪明,将曹的制度一概推翻。那样,曹的心血就白流了。"

东汉光武帝刘秀在称帝前,与另一支武装——王朗的军队交战,打败王朗后,从军营中搜集到手下与王朗交往的数千份信函。光武帝立即召集将领,当面将没拆封的信函,全部烧毁。并说:"以前不论谁和王朗有接触,从此不必自疑!"

功高盖主并非好事。三国曹魏政权中,有个陈群,上了很多重要的奏折,提了很多好意见,但上完奏折后,都把原稿烧了,从不留底,因而很得皇帝的信任。唐朝魏征,以敢向太宗提意见而出名,魏征对自己提的意见书也很自鸣得意,每次上完奏折,都要把原稿善加保存,并编订成册。魏征死后,太宗看到编辑好的魏征奏折集,很恼火,找借口平了魏征的坟头。

乾隆是著名的诗人皇帝,不过他的诗质量太次,其中很多又为枪手代作,其中最有名的枪手要数沈德潜。乾隆游西湖,遇大雪,吟诗曰:"一片两片三四片,五片六片七八片,九片十片十一片……"吟不下去了,沈鞠躬而前,请求把续写最后一句的荣耀留给自己,于是吟出"飞入梅花皆不见"。有这样的机灵劲和文才,沈德潜想不得宠也难。可是沈爱名,把署名权已经让给了乾隆的很多诗,仍然编进了自己的诗集里。沈死后,诗集落到乾隆手里,乾隆一看,火气上升,把沈的墓碑给砸了。

　　魏文侯派乐羊攻打中山国。乐羊的大军到后,中山国威胁要将他在中山国从政的儿子乐舒烹杀,乐羊只好暂时按兵不动。此时,大臣纷纷弹劾乐羊。文侯置之不理,派人给乐羊送去慰劳品,并为乐家建豪宅。乐羊十分感动,对中山国发起猛攻,最终成功攻下。凯旋归国后,乐羊自恃功劳,志得意满,魏文侯便赏赐他两大箱"宝贝"。乐羊把"宝贝"扛回家一看:全是同僚们弹劾自己的奏章。乐羊又惊又怕,骄气全消,誓死效忠文侯。

　　北宋名臣范仲淹,所选幕僚全是一些被贬赋闲在家的人。有人觉得困惑,范仲淹说:"有才能而没过错的人,朝廷自有安排。但这些不幸受过处罚的人,你不任用他,就会成废人。"

　　齐桓公招贤纳士,可一年过去,无一人应召。有一天,一村夫求见说:"我会念九九算术口诀,请大王重用我!"齐桓公觉得好笑。村夫说:"大王,你知道为什么没人来吗? 是大家认为自己不够高明,不敢来。现在如果连我这样的人,都能被您礼遇,那真有本领的人会蜂拥而至!"桓公照办,果然。

　　谏臣魏征想急流勇退,多次向唐太宗提出告老还乡。太宗知道魏征是怕水满则溢,于是说:"金矿中的金子,只有经过锤炼才能发光。我现在正是一块金矿石,需要爱卿这样的良匠锤炼,这时,您怎么可以离开我呢! 至于水满则溢的事,你与朕相处这么多年,我的所作所为,我对你的心,你还不清楚?"魏征很感动,再不提离开之事。魏征死后,唐太宗对左右说:"用铜做镜子,可以整理衣冠;用历史做镜子,可以从中学到盛衰兴亡的道理;用人做镜子,可以晓得自己的优缺点。魏征去世,朕从此就失去一面明镜!"

清朝徐乾学老搞科考舞弊,有人把状子告到康熙那里。康熙批示:有这样的事? 朕要亲自审问。徐乾学的同党们很紧张,徐不以为然,说:"你们安心回去吧,没事的。"过两天,有大臣跟康熙汇报说:"我朝初立时,用高官厚禄来笼络汉人,他们还不乐意接受;如今为了一个小小举人的名额,竟然很多人都要争,以致不惜花重金来买通官员,可见天下太平,汉人学子是如何归心朝廷呀! 祝贺皇上!"康熙听得高兴,再也不追究什么科考舞弊案了。

古往今来,贰臣难做。于禁是曹操的老部下,战败后投降,做了孙权的俘虏,但孙权待他很敬重。后来曹丕称帝,孙权为了向曹魏政权示好,释放于禁,送他回魏国。曹丕这人小心眼,打发于禁去为曹操守陵墓,又让人在陵墓上画下于禁战败投降的故事壁画,于禁见了,羞愧、抑郁而死。

不同时代对人才有不同的需求,战乱求勇士,太平思文臣。秦末,儒生叔孙通在汉王刘邦手下做官。当时,跟随叔孙通的弟子有一百余人,都希望老师给推荐下,以求发达。但叔孙通从不推荐他们,反而一个劲地推荐些游侠与强盗。弟子们非常怨恨,叔孙通解释说:"学生们,现在是战争时期,你们能上战场杀敌吗? 所以不要急,等汉王得天下后,我定会替你们寻找前程!"

秦兵包围邯郸,赵王派平原君去楚国求救。平原君想带二十优秀门客同去,缺一人。此时,一名叫毛遂的自荐。平原君说:"有才能的人,生活在世上,如同锥子放口袋,立即就会透露出来。可你在我门下三年,却从来没见你有什么才能!"毛说:"君之所以没见我的才能,那是你没将我放口袋里。要是把我早点放口袋里,我就会像谷穗一样突显,何况是露个锥子尖!"最终,平原君携毛遂同行。

平原君到楚国后,觐见楚王,要求出兵相救,可楚王始终不承诺。此时,毛遂上前说:"秦国曾经攻破楚国的都城,毁坏你们的宗庙,这真是百世难忘的深仇大恨啊!我们赵国人都替你们感到羞辱,而大王却毫无愤恨之情!说到底,联合抗秦,主要是为了替楚国雪耻,大王别以为仅仅是为了赵国!"楚王听了很是惭愧,同意出兵。

"凤雏"庞统,被刘备任命为荆州耒阳县令,心中不服,终日饮酒,不理政事。张飞巡查时,发现县中有大量公务未处理,将庞统大骂一顿。庞笑道:"区区小县,这点事算什么!"命令手下将所有公文抱来,积压了一百多天的文书,庞一会就处理完毕。张飞大惊,立即回荆州禀报。于是,庞被提拔为治中从事。

马屁应该是这样拍的。南宋权相韩侂胄过生日时,高似孙献诗九篇,每篇都突出一个"锡"字,寓意九锡(九锡代表皇帝对大臣最高的礼遇,历史上篡位者往往先加九锡)。这个方法好,想送人宝马车又送不起时,写首诗给他,诗里写满"宝马"的字样就行。

三段论：官场如战场＋职场如战场，得出——职场如官场。现代人比古人还要命，古人只有身在官场，才有身临战场的感觉，而现代人，每个人都深陷战场，无法自拔。竞争如此激烈，是应该学点 #职场生存经#! 瞧瞧古人在官场上如何左右应对，应该对现代人的职场竞争有所帮助吧。

@ 话题三：职场生存经

政治场如战场，玩的就是心眼。秦朝宰相李斯，每次出行都大张旗鼓，侍从成群，车马滚滚。秦始皇见了，说了句："真威风啊！"几天后，李斯出行时，就低调多了。秦始皇突然醒悟：有人把自己的话向李斯告密了。于是把那天在场的所有侍从都杀掉。

楚汉相争时，刘邦与项羽于中原对峙，萧何留守后方关中。期间，刘邦不断派人来问候萧何。老板这么关照自己，萧何觉得很开心，但门客鲍生提醒他："刘老板人在战场前线，您在后方刀箭够不着、炮弹打不着，老板却三番五次派人来问候您，实际上是担心您在后方搞鬼，所以，赶紧派萧家子弟们上前线助战吧!"萧何照办,刘邦这才放下心来。

西汉吕后当政时,大封吕家人为王,右丞相王陵坚决反对,左丞相陈平则老奸巨滑,被问及意见时只说"也未尝不可"。于是陈平继续当丞相,王陵被罢官回家。十多年后,吕后去世,陈平和其他大臣联手,发动政变,把吕家人一锅端了,恢复刘氏天下,陈平成为再造汉室的大功臣。做官学王陵,还是学陈平? 这真是个难题。

东汉灵帝时,权阉张让的父亲去世,名人雅士无一人前去吊唁,只有名士陈寔例外,于是被众人极度鄙视。后来张让鼓动灵帝大肆杀害士人时,因陈寔的积极营救,很多人得以活命。

历史上,很多高级官员都愿意尸位素餐,为什么? 因为多做多错,付出未必能有相应的收获。汉景帝时,大臣晁错一心为皇帝的统治着想,提出削藩大计,父亲劝他:"皇帝刚即位,你地位未稳,何必去管他们刘家亲戚间的事?"晁错不以为然,父亲叹息说:"你这么做,刘家的天下是安宁了,我们晁家却要倒霉了!"果然,七国之乱爆发,口号是"清君侧,诛晁错"。汉景帝说:"朕不能因为晁错一个人,而让天下的苍生埋怨朕啊!"于是派人腰斩了晁错。可怜晁错临死前还在为皇帝的事绞尽脑汁!

身在官场而不势利眼,很难,但也不要太势利眼了,否则也可能招祸。西汉时,京兆尹(相当于首都市长)张敞被弹劾,即将去职,但还没有离任。一天,他吩咐下属絮舜去办某事,絮舜觉得这位上司马上就要垮台了,便拿命令当耳边风,自个儿回家歇着去了,还放出话来:"他也不过就是再做几天市长了,我还理他安排的活干吗?"张敞怒了,把絮舜抓起来,火速办案,定为死罪并立即执行,处决前让人转告絮舜:"五日京兆又如何? 照样弄死你!"

　　抱大腿、找靠山是官场捷径，但也是风险之源。东汉大将军窦宪纳妾，各地官员纷纷前去祝贺。汉中太守也想派人前去，手下李郃认为窦宪专横跋扈，覆灭是早晚的事，劝说太守不要去凑这个热闹。太守不接受，李郃只好自请前去。途中，李郃故意慢悠悠地拖延行程，还没走到洛阳，朝中变故，窦宪一家被诛，跟窦家套近乎的官员多半受牵连，汉中太守获免。

　　皇帝自称是上天之子，天纵英明，所以事事都是想当然地要成为第一的。隋炀帝杨广极富文才，曾说过："就算是比做诗，这皇帝也得轮到我做。"北宋时，宋仁宗和大臣们一起钓鱼，仁宗还没开张时，大臣们谁都不敢钓上鱼来。大臣彭乘，鱼咬钩已经好一会了，同僚都给他使眼色，就是不让起竿。

　　抱错大腿不如不抱大腿。唐人萧至忠，有才干，就是官瘾太重。唐中宗时，武三思当权，萧至忠赶去投靠武三思，做到宰相。后来睿宗即位，把他贬出中央政府，萧至忠又去投靠当权的太平公主。有人劝他说："以您的才能，还怕不被重用吗？何必去投靠这人那人的呢！"萧至忠不听，又做了宰相。一年后，太平公主在政变中失势、被杀，萧至忠作为公主一党的核心成员，被处死。

　　唐高宗时，李义府当红，官员李崇德赶紧去抱大腿，大家都姓李，于是李崇德改修族谱，与李义府成为一家人。但中途李义府被贬到外地做官，暂时失势了，李崇德也跟着脸色一变，修改族谱，和李义府划清界限。没承想一年多，李义府又回来了，继续做宰相，这下李崇德可惨了，被诬入狱，在狱中自杀而死。

　　向上级拍马屁也许难免，但若拍得太过了，可能适得其反。唐朝姚崇当宰相时，一次生病，官员成敬奇来看望他，难过得竟然哭了起来。又掏出几只准备好的麻雀，请姚崇给他们放生，以祈福健康。等成敬奇一走，姚崇对家人说："你看这人多讨厌！我又不是他父母，哭什么哭啊？"于是断绝来往。

要想做好官，上司不能得罪，部下也不能轻易得罪。唐初监察部长韦挺，觉得下属马周是穷出身，和自己这高干子弟不是一路人，对马周总看不顺眼，常没好脸色。后来马周的事业发展得越来越好，做到了正宰相。唐太宗想把韦挺也弄进宰相队伍，来找马周商量，马周说了韦挺一堆坏话，这事儿就黄了。韦挺到死都没能圆上宰相梦。

地方官不到京城，就不知道自个儿官小。唐朝某州长权怀恩，升职到京城做官，刚上任，新单位派了个武官前来迎接。权怀恩见武官品阶很低，便瞧不起，自顾自地骑着马，让武官走路跟着，歇息的时候，又让武官给他脱鞋。再后来一聊天，该武官竟然是当朝宰相的儿子！权怀恩知道这下犯大错了，于是上任没几天就主动请假，几天后被调去四川。

从几千年历史来看，在官场给人当枪使的，基本都没有好结局。唐高宗、武则天时期，宰相李义府在官场最走红，有一回他看上了监狱里的一个女囚，便由大理寺法官毕正义出面，将这女人无罪释放，接回家里。不料事情被毕正义的同事揭发了，告到唐高宗那里，皇帝批示要"严查"。李义府恐怕事情泄露，逼毕正义在狱中自缢，案件了结，李义府则一点事也没有。

武则天得势时，黔州都督谢佑，为了向皇后武则天示好，假传圣旨，逼着流放在此的零陵王李明自杀了。李明是唐高宗的同父异母弟，莫名其妙死了，高宗很生气，把黔州府全体官员一律撤职了！事还没完，谢佑撤职后不久，晚上在家里睡觉时，被人割了脑袋，凶手不明。多年以后查出来，凶手是李明的儿子派去的，而谢佑的脑袋，就摆在李家人的床前，做了尿壶。当真是打手不好当呀！

有个词叫助纣为虐，说的就是帮着人干坏事的爪牙之徒，这种人也许短期内会活得很好，但迟早，不是被人民打倒，就是被领导推出来成为替罪羊，以平民愤。武则天时期，酷吏周兴，积极执行政治恐怖政策，还亲自发明了大量酷刑，很多人都被屈打成招，然后处死。后来有人告周兴谋反，酷吏同行来俊臣去审讯，搬出周自己发明的刑具出来，周马上认罪，遂被处死，落了个和那些经他手害死的人们一样的结局。

危急关头，敏锐和果断缺一不可，敏锐可以帮你判断形势，果断则帮你迅速作出有利的反应。北宋太祖生前没来得及指定皇位的继承人，就意外驾崩了。当时大家都还不知道消息，皇后立刻派可靠的太监去报告皇子赵德芳，谁知道，太监请回来的却是太祖的弟弟、晋王赵光义。皇后一看，明白了：晋王对这一天的到来早有准备了！立即改口称晋王为"官家"（宋朝对皇帝的称呼），哭着说："我母子的性命，都托付给您了！"晋王即位，即宋太宗，也自此给后世留下了"金匮之盟"的不解谜团。

宋真宗想立刘氏为皇后，副宰相赵安仁反对，说刘氏出身寒微，不可母仪天下，不如前宰相沈义伦的女儿沈氏。真宗不高兴，但也没说什么。有一天，真宗问王钦若，大臣当中谁最厚道。王钦若跟赵安仁不对付，于是答："赵安仁最厚道，当年沈义伦宰相帮过他，他至今不忘这份恩情。"真宗一听，大怒，第二天就让赵安仁退了休。

为了讨好甲，而在甲面前说乙的坏话，甲若是明白人，必会予以鄙视：你既然在我面前说他坏话，就有可能在他面前说我坏话。北宋李沆做上宰相后，以前的同事胡旦特地来示好，然后批评以前的几位宰相如何不好：某某没做出成绩、某某嗜酒误事、某某才能平庸、某某不对皇帝心思，惟有一人，德智体美劳全面发展，那就是李老您呀！李沆答："我哪真有那么好，只是运气而已，不过我有个长处，就是不会背后说人坏话，更不会为了夸一个人而贬低四个人。"

做官若要不给政敌抓住把柄,一靠谨慎小心,二靠不存私心。北宋时,大臣陈瓘被任命为学士考试的主考官,王安石的女婿蔡卞认为,陈瓘一向重史学、轻经学,这次一定会全部录取史学学士,而贬斥经学学士,于是,做好了准备,要借此机会打击陈。但考试结果出来后,前五名录取的全是经学学士,以后又全是史学学士。蔡抓不到把柄,只得无可奈何。

北宋时,苏州地方官吴伯举,靠巴结宰相蔡京,得到火箭式的提拔,被调到中央并迅速做上大官。但渐渐地,吴伯举不那么听话了,对蔡京的所作所为,很多都看不惯,经常在会议上跟蔡京唱反调。蔡京一生气,又把吴伯举打回原形:去扬州做了个小官。这下吴伯举懂得利害了,托人拼命向蔡京求情,蔡京对此嗤之以鼻:"这个人又想官场地位稳,又想当好人,天底下哪有这么便宜的事!"

宋徽宗时期的权宦童贯,他的发迹是靠烧冷灶得来的。童贯在宫廷二十余年,始终不能出人头地。一次借到杭州出差的机会,结识了贬居此地的蔡京,蔡京也有意巴结童贯,两人结为政治同盟。童贯先帮助蔡京东山再起,获得徽宗皇帝的欢心,火箭般升到宰相的位置。蔡京再推荐童贯主持军事工作,迅速培植个人势力,童贯由此成为中国历史上掌握军权最久、唯一封王的宦官,政治地位远超宰相蔡京。

在官场做事,有时无声胜有声。北宋大臣王随,未中进士前,受过石务均的父亲的恩惠。后来石务均犯事被捕,向王随求救。王随派人拿了一封银子送去县衙,说是请他们好好埋葬石的父亲,此外别无一句话。县令见石有这么硬的后台,立即将他释放。

南宋杨沂中,平日对一位亲信非常看重,赏赐无数。但突然一天,杨沂中无故大怒,将其逐出。临走时,杨说:"无事莫来见我!"亲信忽然大悟,回家后,花钱给儿子在御史台买了官。后御史台有官员要弹劾杨贪污军队卖粪钱。亲信之子回家将此事告知父亲,亲信立即奔告杨。杨连忙上奏说钱存于某处,专供朝廷派用。后御史上书,高宗拿出杨的奏章。最后,御史以诬告罪罢免,杨安然。

南宋时,大臣赵汝愚借助韩侂胄之力,拥立宁宗。事后,朝中一些大臣说韩不是什么善类,建议赵给予韩高的虚衔,以满足他的欲望,而让韩远离实际权力与兵权。赵不听,提拔韩为官职低但握有兵权的防御使。后韩心生怨恨,将赵迫害致死。

领导的人无闲人,领导的事无小事。明朝嘉靖年间,夏言和严嵩同在内阁,皇帝派太监到他们家里去时,夏言只顾自己坐着,把太监当奴仆;严嵩则拉着太监一起坐,像亲人一样问长问短,临走的时候还塞给金银财物。嘉靖皇帝热衷于修道,每天正儿八经地给天上的神仙写信(青词),夏言认为这是不良嗜好,皇帝交给他写信的任务时,夏言敷衍了事;严嵩则把这项工作视为国家的最高事务,每回都精心撰稿。结果可想而知,后来夏言被砍头了,严嵩却十多年不倒。

康熙宠臣郭四海,脑瓜儿灵活。据说他经常受贿,有一回,大热天,行贿者来给郭四海送钱,只见郭正穿着裘皮大衣、戴着棉帽子,坐在火炉旁吃西瓜。郭收下钱后,事却没办成,也不给退钱。行贿者告到法院去,法官听完行贿经过后,当即判决郭四海受贿罪名不成立:哪有人大热天穿棉衣棉帽的,还一边烤火一边吃西瓜!郭四海为自己制造的不在现场的证据,很成功。

官场上,帮人办事,最怕留下痕迹、落人把柄,所以古人想出了很多妙招。清朝穆彰阿做军机大臣时,有个学生来求他安排个地方官做,穆彰阿让他过两天再来。两天后,学生再来,穆彰阿交给他一把有自己题款的扇子,让学生拿着扇子去找某某巡抚。学生依言行事,巡抚一看扇子,不敢怠慢,赶紧安排学生做了布政使,还赠送了一万两银子的厚礼。

做官而不拜码头,后果很严重。清道光年间,潘世恩、穆彰阿做军机大臣,实权掌握在穆彰阿手里。罗某、张某、何某三人从翰林院散馆,被分别安排了官职,按常例,应该去拜见下军机大臣。张某和何某去拜见了穆彰阿,罗某不愿凑穆的热闹,便去拜见潘世恩。潘问:"见过穆中堂了没有?"罗答没有,潘大惊:"你没先拜见穆中堂,就来见我,你的差事怕要悬了!"果然,第二天圣旨下来:罗某年纪太小,不宜任职。其实罗某比其他二人还大一岁。

清末大臣荣禄,为人机灵,凡事都做两手准备。义和团兴起时,慈禧想利用义和团去打洋人,荣禄自然站在慈禧一边;不过对于反对者,荣禄也暗地施以援手。翰林学士朱祖谋数次提意见,强烈反对跟洋人开战,大讲义和团不可靠、将领们不可靠,慈禧问荣禄:"这个朱某说话很冲,还用眼睛狠狠地看我,好像对我很不满?"荣禄也不认识朱,但是他答道:"这人眼睛有毛病,说话时又很紧张,以致这样,绝不敢对太后无礼。"慈禧这才没有降罪于朱祖谋。

做官要谨防身边人上下其手。清末荣禄当权,处理实际事务的是连文冲。刘坤一想做两江总督,来找连文冲帮忙,结果没见着连,只见到了连的秘书。在秘书的指点下,刘坤先送上两万银两。等见到连文冲时,连对这笔银两提都没提。刘坤猜测连文冲是嫌钱送得太少了,过几天又经秘书之手送上二万两。刘坤顺利做了两江总督,连文冲不久却出事了,在京城待不下去,于是去找刘,希望看在从前的恩惠上安排个官做。刘却大骂连,把当时送礼的经过一五一十地说出来,连这才知道,他被自己的秘书给坑了:第一笔二万两,秘书拿了;第二笔二万两,秘书拿出一万,连又送秘书两千。一共四万两银子,连实际只拿到八千两。

　　清乾隆末年,东南沿海一带海盗横行,以致惊动中央。经过一番辛苦工作,副将杨天相终于抓获了某海盗头子,提督很高兴,为了抢功,越过总督直接奏报了朝廷。总督对此意见老大,海盗们又送了十万两黄金来求情,于是总督说,这案件疑点多多,要求再查。在总督的示意下,案情"查清"了:杨天相用良民来冒充海盗头子,欺君之罪,当斩。于是,奋斗在缉盗工作第一线的杨天相,就这样被杀了。

　　做官需别材。唐朝宰相苏味道,为官多年,门生请教秘诀,苏答:"但模棱以持两端可矣。"即遇事模棱两可就行,为此人送外号"苏模棱"。清朝大学士曹振镛,门生问他做官之道,曹答:"多磕头,少说话。"

　　官场上,不仅官大一级压死人,就是一些八竿子打不着的小角色,也厉害得很。清朝北京崇文门,是进出皇城的一道重要关卡,不要说老百姓,就是高级官员,从此经过都得留下过路费。有一巡抚(相当于省长级别)陆某,要去朝见皇上,看城门的向他盘剥关税,陆某不肯。看守说,不交费你这些行李物件就不能过。陆某气急之下,把衣物行李都寄放在城外,只身进了城,然后从朋友家借来被褥睡了一夜。这个新闻事件,在当时也传了好一阵。

　　别小看小人物,有些小鬼能通天,能量极大。康熙年间,礼王府上有个家奴,叫张凤阳,神通广大,礼王也奈他不何。当时有句顺口溜:"要做官,问索三。要讲情,问老明。任之暂与长,要问张凤阳。"索三即索额图,老明指明珠,这两位都是当红大学士,由此可见张凤阳的能耐。张凤阳其人很嚣张,对朝中大臣和主子礼王都不敬,礼王请康熙做主,康熙命令打杀。结果这边正行着刑,那边皇后的赦免懿旨就到了。

　　官场送礼,没品位的是送钱送酒送银子,有品位的则常常送文物、古字画。清末翁同龢做宰相,有个地方官来送礼,礼物是一本书:《钦定四库全书提要》。要说这本书本身并不珍贵,关键是书皮上还写了几个字:"宋版四库全书"。也就是说,这是宋代的古版,到今也有七八百年了,古董呀! 翁同龢一看,把书还了回去,说:"《四库全书》是本朝乾隆爷时组织编修的,你从哪儿得到了一个宋朝的版本呢? 这可是无价之宝,我不敢收。"送礼也得有文化啊!

宁可枉法,不可负老娘。汉景帝时,梁王刘武派刺客将大臣袁盎杀害。田叔负责调查此事,但他将所有的文件烧毁。汉景帝非常生气。田说:"如果有确凿的证据证明梁王刺杀了袁盎,不将他处死,是大汉的法令不能推行;可如果真杀了梁王,那太后肯定痛不欲生,到时陛下可就要背负不孝之名。因此臣只能这么做。"景帝以为然,重用田。

搬起石头砸自己的脚,本来想立功,结果却自取灭亡,这样的事,历史上不少见。唐朝时,鱼保家在发明、制造器具上很有天赋,为了讨好武则天,鱼发明了一个超大型的保密柜献上。这个保密柜,功能类似于今天的邮箱,设在公共场合,四面有口,人人都可以往里投告密信。结果,后来有人往里投告密信,检举鱼保家谋反,武则天大怒,把鱼处死了。

唐德宗下令禁止在陵墓附近屠宰,汾阳王郭子仪家的仆人违反规定,被金吾卫将军裴谞上报。有人觉得没给郭子仪留面子,不应该。裴谞说:"郭公功盖华夏,德高望重。而皇上才刚刚即位,我连郭公的小错误都给他揭发,以显示郭公之不足畏,这难道不是为他好吗?"郭晓得后,甚是感谢。

宋仁宗时,丁谓专权,生怕其他人抢了他的风头,因而禁止大臣退朝后单独留下奏事。其中有个叫王曾的官员,平时谨守这项规则,丁谓对他很放心。一天,王对丁说:"丁大人,我没有儿子,想过继弟弟的儿子,您看我能不能把这事向皇上单独汇报一下?"丁一口答应。得到这个机会后,王向宋仁宗猛打小报告,对丁的恶行进行了全面揭发。第二天,圣旨下来了:丁谓被流放海南。

宋朝重文抑武,对武将常常怀警惕之心,无论在对外战争中吃了多少亏,也改不了这种心理。南宋抗金名将韩世忠退隐后,远离军界,天天骑着一头驴,携带一壶酒,领着一二童子,在西湖边饮酒自娱自乐,后又在新淦县购置田宅,专心过自己的土财主生活。宋高宗听后,非常高兴,颁赐匾额"旌忠"。

北宋时,宗泽任文登县令,接到同年中进士的友人黄荣来信,黄说自己被流放到某州,路经文登,感染风寒,无法继续前行,但押送的武官不肯通融,只好写信向宗求助。宗泽立即前往看望同年,并且请郎中看病,一直到病好。这期间,武官一句话也没说。原来,宗泽派人探知武官好酒色,就令手下每天轮流陪武官去营妓那喝酒。最后,武官自己倒乐不思"走"。

宋仁宗时,范仲淹写信劝西夏主赵元昊投诚朝廷,元昊拒绝,回信极其傲慢无礼。范仲淹一看,就将回信烧掉,没上报仁宗。朝中与范公有过节的大臣,趁机说大臣无外交,范可斩!范得知后,上奏说:"臣起初听说元昊有悔过之意,就写信劝诫他归顺,但没想到这小子这么狂妄傲慢。臣以为如果上交朝廷,朝廷看到这封信而不去讨伐,则羞辱在朝廷。所以,臣就当众将此烧毁,荣辱全在臣一人。"仁宗称是。

以子之矛,攻子之盾。宋仁宗时,宦官做监军,导致对外作战的失败,很多大臣认为应该废除这种制度。仁宗以此事问宰相吕夷简,吕建议不必废除,只要皇上上诏让都知、押班(都知、押班,宋时宦官官职)推荐好人就行。第二天,都知、押班求见仁宗,纷纷叩头要求取消宦官监军制度,仁宗只好照办。大臣暗中纷纷夸赞吕好手段。

北宋时,李迪与吕夷简同任宰相,李办事能力超过吕。后来吕得知,李的谋划都出自李之子,吕于是奏请天子任命李之子为两浙提刑。李父子非常高兴,甚是感激吕。李之子走后,李因年老健忘,缺少儿子帮助,不久被免除宰相之职。李这才醒悟自己中了吕的奸计。

明朝严嵩当权时,干儿子赵文华做了工部尚书。不久,赵文华干了一件很严重的蠢事:严嵩有个养生药酒秘方,也给了赵文华一份,赵一试,效果非常好,心脑一糊涂,就把秘方献给了皇帝,并说以前只有两个人知道秘方,现在就是有三个人知道秘方了。皇帝一听,发怒了:严嵩有这么好的东西,竟然一个人偷偷享用!于是把严叫来大骂一顿。严更怒,回头把赵叫来,大骂一顿,逐出内阁。

当假大行其道的时候,真是最好的武器。明朝人杨继宗,任嘉兴太守,有一次,宦官路经嘉兴,向杨讨要贿赂,杨一口答应。后来,杨发公文取来公库金送给宦官,但要宦官在提券上签字盖印,说是将附在卷宗后面归档,以便以后查询。宦官一听,吓得连忙推辞不要。

明嘉靖年间,浙江总督胡宗宪之子出游至淳安境内,怪驿站招待简便,将一小吏吊起拷打。知县海瑞得知后,立即将胡公子拘捕。胡公子大喊自己是总督之子,海说:"总督大人已经下令严禁铺张浪费,他本人也是个体恤百姓的好官,怎么会有你这么个花花公子!"将胡公子杖责一番,并写信告知胡宗宪。胡宗宪收信后,虽不快,却也无可奈何。

明时,一太监巡视丹徒县,向知县杨玤索要贿赂。杨玤挑选两名水性极佳的衙役,扮成平民,前往太监所在船欢迎。太监一看,非常生气,当场赶两人出去。两人纵身跳入河中潜水而走。此时,杨玤过来说:"刚才不才派来的两人,已经淹死。当今皇上圣明,容不得草菅人命。你们说该怎么办?"太监一听,连忙告罪。自此到其他地方巡视,再也不敢胡作非为。

有些人你得罪不起,但也并不是只能违心顺从。唐朝时,何易于担任益昌县县令。某年春天,刺史崔朴携带宾客,乘大船来益昌游春,到后,崔要征用民夫拉纤。何易于一听,亲自上前拉着缆绳上下奔走。崔很是惊讶,忙问何这是干什么。何说:"大好春天,正是百姓农忙季节,他们的农时不可占用。我一县官,反正没什么事,不如替他们为大人效劳!"崔一听,也不游春了,羞愧而去。

明朝大臣梅衡湘初任固安县令时,一宦官请他帮助收债。梅将欠钱的百姓叫来,大声喝骂,说不还钱就打死他们。百姓纷纷大哭,梅偷偷观察宦官,见宦官脸色缓和,就将百姓叫回来说:"你们贫寒,我也知道。但公公的钱一定得还,我看你们也只能卖妻儿来还钱啦。回去吧!与妻儿见最后一面,此生就永别啦!"百姓纷纷痛哭失声,宦官泪流满面,当场将借条撕毁。以后,其他宦官收债,对平民们也都从宽处理。

在明太祖朱元璋手下做官,无疑是非常辛苦的,风险极高。御史袁凯因小事得罪了太祖,便托病辞官归乡。太祖仍不放心,派使者刺探袁的情况。使者到袁家后,只见袁疯疯癫癫地趴在篱笆下,津津有味地吃"狗屎"。使者回去报告,太祖这才彻底放心。其实,"狗屎"是袁用面粉和砂糖做成的。

清朝末年,瞿鸿禨和王文韶都在军机处,王是首席军机大臣,瞿进军机处,就是王推荐的。后来瞿想挤掉王,想了个主意。王年纪大了,腿脚不利索,在慈禧和光绪面前时,瞿就刻意搀扶着王,让太后知道王老了。王耳朵背,瞿就说:"皇上问话你听不清时,就看我的眼色,我往左看,你就答'是',我往右看,你就不说话。"一天慈禧问王,北洋新军练得如何,瞿往右看,王就不说话;瞿解释说王大人年纪大了,耳朵背,慈禧问:"你耳病得很严重吗?"瞿往左看,王答"是啊"。慈禧满脸不高兴,几天后,撤了王的职。

做事的手段与经验

俗话说得好：人心深似海，做事靠手段。

#经验交流之理政篇#：包拯任天长县知县时，乡民甲和乙是好友，一次，两家牛角斗，死一条。于是，两人争执到县衙。包说："你们本来是好友，现在因为牛的事而反目，太不应该了。我得让你们和好如初。"提笔判道："二牛干角，不死即活；活牛同耕，死牛同剥。"甲乙欣然，答谢而退。

转发（19555）评论（29456）

□宋真宗 V：@包拯，你人呢，怎么又不在线了？

□包龙星 V：老祖宗，我是你的后人，你额头上有个月亮，我额头上有个星星。

□展昭 V：@锦毛鼠，玉堂，来开封府吧，好歹也是公务员，两地分居不是个事。

□公孙策 V：开封有个包青天，铁面无私辨忠奸……转@王朝马汉

□开封府官方微博 V：@包青天，包大人，您又上头条了！

中国人做事，很爱讲谋略计策，这也是大家爱听爱看《三国演义》中三十六计故事的原因。确实，中国历史上有很多关于这些计谋手段的成功案例，虽然不见得适用于现在，但读读它们，既能体会到古人做事的智慧，也可以增长些历史见识。如何既让别人满意，又自己得利呢？本期话题：≠经验交流之良策篇≠。

@ 话题一：经验交流之良策篇

最复杂的问题，却往往可能有一个最简单的解决办法。秦王派人给齐国君王后送上一套错综复杂的玉连环，请她解开。君王后拿过一把铁锤，奋力将玉连环砸碎，然后笑着对使者说："这不就解开了吗?"使者惊讶。

虽说该出手时要出手，但出手的时机很重要。春秋战国时，鲁国一山上出现两只老虎。勇士卞庄子提剑就想上山刺虎。此时，一旅店佣人对他说："壮士不要着急，此刻山上两只老虎，正为争吃一条牛而搏斗，最后肯定一死一伤，那时壮士再上去，就可轻易将虎杀死。"卞庄子依言，果然。

扁鹊哥仨都是医生,有人问扁鹊,三兄弟中谁的医术最好。扁鹊说:"大哥医术最好,我最差。"又问:"那为何你的名声最大?"扁鹊答:"我大哥在人的病症还没有发作的时候看到病因,加以治疗,病人不以为病;我二哥在人刚发病时,及时治疗,痊愈得快,病人只当小病;我则是当病人快完蛋的时候,加以治疗,侥幸治好了,人就认为我是神医。"

唐时,刘晏负责朝廷在扬州的造船厂。本来规定,工人们每造一艘船,可以贴补一千缗钱。有人认为太多,应删减。刘晏说:"做事要把眼光放远点。现在造船厂刚开始,就让工人觉得朝廷吝啬,那制造出来的船,质量能好吗?那样造船厂也不能长久。"后来刘晏离职,官员缩减费用,结果造出的船轻薄易坏,水运大受影响。所以说,做大项目不能抠门,就算钱财浪费一点也不要紧,一抠门,质量就难以保证。

做事的最高境界,自然是别人都觉得满意,而你又达到了自己的目的。西汉武帝时诸侯势力强大,朝廷甚是忧虑。大臣主父偃建议,允许诸侯将自己的封地,再分封给他们的子弟,朝廷给其封号。这样,诸侯子弟感激朝廷,而诸侯势力也得到削弱,一举两得。这就是历史上有名的"推恩令"。

战国时,苏秦与张仪是同学。苏秦佩戴六国相印后,张仪困窘,来投靠苏秦。相见时,苏秦百般侮辱,张仪一气之下去了秦国。苏秦暗中派人帮助张仪在秦国取得富贵。张仪要报答那人,那人却说:"您要报答的是苏相国,这一切都是他谋划的。他先前之所以对您那么无情,就是希望刺激您来秦为相。既实现先生的抱负,也是想请您不破坏他的六国合纵计划。"张仪惊愕。于是苏、张联手,大家共享富贵。

在打天下的过程中,刘秀生怕树大招风,迟迟不愿称帝。谋士告诉他:"我们这些人把脑袋别在裤头上,跟着你风里来雨里去,盼的就是您做了皇帝后,大家跟着升官发财。您要是再这样拖下去,很多人可就跑到别人那去了。"刘秀惊醒,赶紧称帝。其实今天创业也是如此,创业一段时间后,该注册就得注册,该分股份就得分股份,该加薪就得加薪,该升官就得升几个官,大家都是奔着发财和事业成功而来的,如果始终像个作坊一样,大家还怎么干下去?

要请人帮忙,须先使人无后顾之忧。东汉末年,荆州牧刘表爱幼子刘琮,想立他为嗣,刘表之妻蔡氏及蔡瑁极力赞同。长子刘琦怕有祸事,就请诸葛亮为他谋划,可亮一再推辞。一日,刘琦请诸葛亮登楼,上楼之后,刘琦令人将梯子抽调,然后说上不着天、下不着地,出你口、入我心,请亮赐教。诸葛亮这才说出良策。

常说谣言止于智者,但最高明的智者,则是让谣言没有滋生的机会。宋仁宗久病初愈,召见中书省和枢密院长官,其中包括吕夷简。接到诏令后,吕夷简先是在家等了会。去皇宫时,一路上也不慌不忙。到皇宫后,仁宗问为什么姗姗来迟。吕夷简答:"陛下圣体久不安,如果我们急急忙忙往宫里赶,恐怕外面人见了,必生谣传,以致人心浮动。"仁宗点头称是。

世间很多事情,说起来容易,做起来难,不深入其中,不知道个中的难处。晚清重臣左宗棠,做封疆大吏时,目空一切,大话满天飞,谁都不放在眼里。朝廷给他下旨,左宗棠如果觉得不好,就一定要反驳,还大骂军机处官员无能。后来左宗棠做了军机大臣,才十来天就觉得这事不好干,待不下去了。他以前不知道皇帝的威严,很看不起大臣们一副紧张害怕的模样,等自己见了皇帝后,出来直感叹天威可畏。后来两江总督空缺,左赶紧要求做了两江总督,天高任鸟飞去了。

清朝时,汉人官员要做事,都要拉满官一起,否则很难成功。满人官文做湖广总督时,胡林翼做湖北巡抚,一开始胡林翼很看不起官文。有人提醒胡林翼:"不联手官文,你就很难做成事情。"于是胡有意结交,从官文的小妾入手,让胡母认其小妾为干女儿;有好东西时,都送给官文;有功劳时,把官文推在功劳榜上第一。官文很高兴,乐得让胡林翼做事,自己坐收成果,还有白花花的银子可以贪污。胡林翼也很满足,在官文的支持下,湘军局面越来越好,终于成就一代伟业。

古时常以米代薪,唐后期,江淮一带的米粮运到长安,每斗需耗费工钱七百钱,而京都米价每斗才四十钱。有人便建议朝廷:这个运输成本太高了,不如命令江淮一带不再运粮至京,直接每斗米给七百钱就行了,这样江淮百姓也沾光,朝廷也得实惠。京兆丞王铎说:"账不能这么算! 京都如果没有江淮粮食的补给,粮食稀缺,物价就会飞涨。按老办法做,同时可以解决许多人的生计,岂不两全其美?"但无人接受王铎的意见,于是推行以钱代米制度,长安米价果然暴涨,不久又恢复旧制度。可见,做事不能只看表面。

凡事要以发展的眼光来看待。明朝,某年黄河河道向南迁移,百姓在旧河道种上庄稼。此时,有人提议按亩收税。御史高明反对:"黄河迁徙变化无常,而税收制度轻易难改。假如哪天这里又变成河道,那老百姓不是徒增负担吗?"于是作罢。

明朝,孙伯纯任海州知州,朝廷发运司要求在海州设立三处盐场。孙伯纯坚决反对,老百姓却请愿要求孙答应。孙说:"你们这些老百姓不懂,官府设立盐场,对你们虽然有点好处,但问题更多。其中最大的就是,一设盐场,差役、流氓就多。再者官盐难卖,容易积压。三十年后你们就会懂我的话。"后孙被调离,盐场设立。从此海州盗贼、犯人、差役多了起来,因官盐滞销,沿海老百姓纷纷破产。

有些规矩,看似明显不合理,却能因循多年,那么其中一定有奥妙,修改时一定要慎重。宋神宗时,工坊中的工匠认为宫中门巷弯曲狭窄,请求神宗改建。但神宗认为太祖始创,必有远虑,没有答应。后来,工匠起义,一老兵站在巷口镇守,工匠们逃脱不出,遂全部被擒。

有些事,急则乱,缓则圆。唐宪宗时,中书令裴度丢失大印,让下属不要声张。同时,举行宴会,喝到深夜大醉。第二天,大印被放回原处。下属疑惑,问原因,裴度说:"这是小吏暂时将印偷出去伪造文书了,只当不晓得这回事,那么用完了,他肯定会完璧归赵。如果追查得紧,他害怕了,一定会立即销毁大印。"

苏轼在湖北黄州时,因患眼病,有个把月时间都只好在家待着。这么一位热点人物突然从交际场上消失了,很多人便都以为苏轼病逝了,于是谣言四起。苏轼的朋友范景仁在河南许昌,也听说了,伤心大哭,赶紧派子弟准备去苏家吊唁。家人说:"传闻未知真假,要不先写封信问问?"范听从,这才没有闹出笑话来。

北宋时,边防军报告说,契丹首领阿里骨已死,希望朝廷赶紧趁机扶立新首领,以便日后控制。大臣纷纷同意,只有苏颂说:"消息的真假还没有弄清楚,贸然扶立,恐怕会遇挫折。这样,不但让契丹人笑话,还会结下仇恨。不如先观察一阵,等确定之后再做处理。"后来证实,阿里骨没死。

南宋时,陆九渊主政荆门,一老头连夜告状。可询问时,老头浑身发抖,一句话也说不出。旁边的仆役帮腔说,老头的儿子被几个士兵所杀。陆九渊一听,让老头第二天再来。幕僚困惑,陆九渊说:"老头必是爱子心切,一听说儿子死了,过度紧张。其实他儿子不一定就死了。"第二天一查,果然是虚惊一场。

明朝赵豫任松江太守时,老百姓凡是因为鸡毛蒜皮的邻里纠纷来告状,赵就告诉说明日来。刚开始,大家以为太守懒惰,不愿理事。于是,编起"松江太守明日来"的歌谣。但不久,松江的诉讼案越来越少。原来,老百姓诉讼往往是出于一时的愤怒,其实都是一些小事。经过一夜后,气消了,也就不愿再多事。

宋人陈尧咨,射艺精湛。有一天射箭时,有个卖油的老头在一边看热闹,一副不以为然的样子。陈生气,问老头:"你懂射箭?"老头答:"没什么,熟能生巧而已。"于是拿出一枚方孔钱,放在葫芦上,用勺子从上往下倒油,油从钱孔中过,而钱上不沾一滴油。陈表示叹服。这就是中学课文《卖油翁》的故事,告诉我们:一是熟能生巧,只要长期专一努力,就能出成绩;二是有点专长也不必骄傲,每个人,各有所能而已。

做事时,有些人常常会动摇,这种动摇心态,遇到否定就会变成沮丧,遇到鼓励则会变成信心。北宋名将种世衡,在宽州建城打井,民工掘地五十尺仍只见岩石,于是纷纷拱手说不可能有水。种世衡说:"各位乡亲,如果越过这层石块,再没水,你们每挖一簸箕泥沙,我给你们一锭金子。"民工精神振奋,挖过石层,泉水奔涌。

北宋时,原州蒋偕负责修筑边境碉堡。尚未完成,敌军来攻。蒋偕害怕,立即逃回向宣抚使王素谢罪。总管狄青劝王素放弃筑堡,不然只有失败。王素厉声说:"如果他蒋某人失败,总管你再去。如果足下失败,本官亲自前去。一定要修筑完工!"蒋偕一听,坚定了信心,果然顺利完成工程。

做人做事,有时都需要点"快刀斩乱麻"的精神。卫国人宁戚,本来是个放牛的,常一边敲打牛角一边唱自己编的歌。齐桓公经过时听到了,觉得这人不同凡响,就准备重用他。大臣们说不如先去卫国调查一下再作决定,桓公说:"不必多此一举!一调查就会发现他的小缺点,就会动摇任用人才的决心,这难道不是好多豪杰之士得不到重用的原因吗?"于是,任命宁戚为上卿。

明朝,范希阳任南昌知府,与其他官员一起拜见新任上司陈都院。以前都是在篷内行礼,不知哪年起改成了在篷外台阶下行礼,不论风雨。范希阳想恢复以前的规矩,于是,当官员到齐后,范没与众官商量,带领大家直入篷内行礼。老规矩于是恢复。此事若与众人商量,其中肯定有同意的,有不同意的,事肯定办不成。不如直入,润物细无声地将事办了。所以说适当的独断也有好处。

从细微处判断人的真实心理,是极高明的手段。洪承畴与清军作战,兵败被俘,皇太极派汉臣范文程去劝降。洪承畴谩骂不已,只求速死。范文程回去报告皇太极,皇太极说:"那么这个洪承畴是宁死不肯投诚了?"范文程摇摇头,说:"我与洪承畴说话时,梁上有灰尘掉落到他衣袖上,洪把衣袖拍拭了好几次。一个人,对自己的衣服脏了还这么在意,怎么会舍得死呢!"果然,不久后洪就投降了。

东汉初年,光武帝派大将寇恂征战军阀高峻。高峻派心腹皇甫文前去谈判,寇恂将皇甫文斩首。后高投降。众将疑惑。寇说:"皇甫文是高峻的心腹谋士。言谈间,皇甫文虽谦逊,但不投降的意思很明确。只有将他杀死,高峻才会恐惧投降。"众将叹服。

曹操平定冀州后,袁绍子袁尚、袁熙逃到辽东。谋臣建议发兵攻打辽东,以消灭袁氏兄弟二人。曹说不必,不久袁氏兄弟的人头就会送到许都。果然,没过多长时间,辽东太守公孙康就将袁氏兄弟的首级送来了。众人不解,曹说:"公孙康与袁氏兄弟同床异梦。我们如果攻打他们,他们就会团结在一起。我们如果置之不理,他们肯定火拼。公孙康、袁氏兄弟庸人,岂能逃人之常情!"

三国时,蜀主刘备招待一名外地来的客人,彼此谈得很是开心。此时,诸葛亮突然进来,客人立即起身如厕。诸葛亮对刘备说:"刚才我进来时,客人脸色立即变得恐惧慌张,且眼光左顾右盼,这一定是曹操派来的刺客!"刘备立刻派人查看,客人早已翻墙逃走。

唐朝严震镇守山南道时,一人前来乞讨三十万钱过活。这好比今天的一个陌生人,突然来找你要三十万块钱,那这人不是疯子就是黑社会,所以儿子劝父亲把此人赶出去。严震生气地说:"你只可劝我多做善事,怎可劝我吝惜钱财呢? 此人与我无缘无故,向我乞讨三十万,必是非同凡响之士!"如数给了那人钱。此事一出,好比广告,各地名士纷纷来投靠严震。

北宋时,丁谓有诗句"天门九重开,终当掉臂人"(天子的殿堂虽然难进,但我最终肯定会挥着手轻松进入)。大臣王禹偁听了说:"进入君主的大门必须恭恭敬敬,怎么能挥着手就进去呢? 狂妄、轻薄! 此人成事后必不忠!"后果然。

明朝,在南京,一书生被一凶僧侮辱,告到长官耿定向那。大家纷纷要求将僧人逮捕治重罪,耿定向却只将僧人赶出寺院。书生不服,耿定向说:"读书人,立志向学,受到冒犯就应该能忍耐,不然与一般人有什么区别? 再说他这个罪,按法律只能这么判。如果硬严办,僧人凶狠,说不定会惹出什么大祸事!"

战国时,秦赵大军于长平相持。赵王中秦反间计,要用赵括取代老将廉颇。赵母上书赵王:"大王,赵括难当大任,请不要任他为将。昔日,他父亲

（名将赵奢）在世时，大王赏赐的东西，夫君全部分给部下，回到家也从不过问家务事。而赵括有赏赐，都归藏于家，而且让我买些合适的田地宅院。父子两人志向截然不同。赵括岂能为将？于国于家，希望大王三思！"赵王没听，长平赵军大败。

齐鲁开战，大夫曹刿与鲁庄公同车指挥。齐军三通鼓罢，曹刿才令鲁军击鼓追击，大胜。事后，庄公询问原因，曹说："打仗，凭的就是士兵的勇气。第一通鼓，士气最旺，此时是最好的交战机会。到第二通鼓时，士气就有所下降。到第三通鼓时，士兵会完全丧失斗志。所以，我等到齐军三通鼓过后，才命令击鼓冲击。"

不以规矩，无以成方圆。吴王想拜孙武为将，于是交给他一群宫女试练。孙武将宫女分为两队，并选其中两位吴王宠姬为队长。孙教她们阵法，并申明要按鼓声指令行事，违者斩。几次击鼓，宫女们不听命令，嘻嘻哈哈。孙亲自击鼓，情况依然。孙立即下令将两名队长斩首。再练，宫女严肃认真、整齐划一。

秦末，秦二十万大军围困赵都，项羽率军北上援赵。渡过黄河后，项羽命令破釜沉舟，每人只发三天口粮。被置于死地的楚军士兵，一与秦军交战，个个如狼似虎，将秦军彻底击垮。

韩信率汉军与赵军交战，背水而结营寨。赵军看见，纷纷取笑韩信不懂兵法。可两军一开战，汉军个个勇猛异常，势不可挡，赵军大败。事后，汉军将士们问："《孙子兵法》不是说背水扎营是大忌吗？将军怎么还胜了呢？"韩信答："你们只知其一，不知其二。孙子不是还说，置之死地而后生吗？到了绝境，士兵们为了活命，只有全力争胜！"众将叹服。

机智可以救命。项羽要杀陈平，陈平只身逃走，中途遇见一河，坐上渡船过江。船夫见陈平长得器宇轩昂，穿的衣服很华贵，以为是携带了很多金银财宝的富贵人，贪婪的眼神死死地盯着陈平。陈知道大事不妙，就脱下衣服，光着膀子到船头帮忙摇橹。船夫见陈身上一无所有，这才打消了谋财害命的念头，陈也因此平安脱险。

汉高祖时，陈平奉诏押樊哙回京治罪，途中传来高祖驾崩的消息。陈立即快马加鞭赶到长安，向吕后说明情况。吕后听后让他回家休息，陈坚持留在宫中守灵。也因此，樊哙妻子吕媭的谗言不能中伤陈，陈反而受到重用。

如果你的身边能有这样的帮手，那真是你莫大的幸运：唐高宗时有个宰相叫戴至德，在任的时候不起眼，没听说什么特别的政绩。戴死后，高宗每当处理政事，都觉得不如以前那么得心应手了，就想起了他，感叹说："自从戴至德不在，朝中就没有什么值得一听的意见了，若是他还在，便能在许多事情上为我把关，任何不好的事情都会提醒我知道。"又让人将戴至德生前上奏的奏折全部整理出来，一边看一边流泪。

宋太祖时，一军校诬告上司大将郭进，太祖令郭进杀掉他。此时正赶上北汉进犯，郭对军校说："你敢在皇帝面前诬告我，你还是很有胆量的。这次，我不责罚你。但我们说清楚了，这次战争，你如果能英勇杀敌，回朝时，我保举你官复原职；如果吃了败仗，你必须自杀！"军校奋勇杀敌，大获全胜。最后在郭的请求下，太祖让军校官复原职。

宋太宗时，党项人李继迁反叛，自立为王。太宗想将李继迁的母亲处斩，大臣吕端劝说："杀一个老太婆，不仅不能震慑敌人，反而会坚定他反叛的决心。不如好好对待李母，以牵制他。再说这样也使四方蛮夷知中国之仁义。"太宗接受，李母得以终老大宋，后来其孙又向大宋纳贡称臣。

临危须谨慎。辽军来犯，宋朝人心浮动，宋真宗在主战派大臣们的撺掇下，御驾亲征，派弟弟雍王留守东京。一天传来消息说，留守的雍王得了急病，真宗生怕东京出乱子，赶紧派大臣王旦回京，全权处理后方政事。王旦疾驰回京，到了后直奔宫中，又下令宫人禁止透漏消息。后来前方打了胜仗，真宗班师回朝，王旦才公开露面，家人到这时才知道王旦早就已经回来。

辽国入侵，在寇准的力主下，宋真宗不得不御驾亲征。但虽然亲征了，真宗对这场战争仍然很没底，心里老打鼓，不断派人去看寇准在干什么。派去的人一会回来说："寇准在睡大觉呢！"一会又说："寇准让厨子在做美食大餐呢！"看到寇准这么淡定，真宗才放下心来。后来战争取胜，宋辽双方订立澶渊之盟。

一山难容二虎，历史上有很多这样的教训。土木堡之变中，明英宗被瓦剌人所俘，弟弟在北京登基，即明代宗。瓦剌人有意释放英宗，以向明政府勒索一笔赎金，明代宗当然不乐意哥哥再回来跟他抢皇位，但迫于舆论也不能说不，只好派人去谈判。英宗见到谈判代表，使劲许愿说："我回去后就做一普通老百姓，一辈子给祖宗守皇陵。"明代宗信了，赎回哥哥，几年后，英宗发动政变，逼死代宗，把皇位抢回来，又做了六七年皇帝。

烫手的山芋不要接。明初大将徐达，在开平围困元顺帝时，故意留一个缺口让顺帝逃走。副将常遇春气愤。徐达说："他虽是夷狄，但毕竟当过皇帝，为天下共主。如果捉到了他，送到南京，你叫陛下怎么办？杀了？还是封他为诸侯？这两者都不行，放了他最合适。"后来，明太祖果然认同徐的做法。

对有知识的人要讲理，对无知识的人则可动之以情。明时，江浙沿海经常遭到倭寇的抢掠。嘉兴知府要求各地发动百姓，修筑城墙。主政平湖的胡松听说后，连夜拜访知府说："平湖的百姓思想单纯，筑城抗倭寇的紧迫性，跟他们讲，不一定能理解。我平时对他们还算有恩惠，不如先把我押到前线御敌，然后再要求百姓筑城，一定会事半功倍。"知府同意。果然，百姓见到胡有难，十分着急，纷纷拿着工具修城，不到一个月，城就修好了。

南京秦淮河，自明朝以来就是著名的风月场所。后来太平天国在南京建都，经过多年战争，南京城早已一片残破。湘军克复南京后，秦淮河上又渐有死灰复燃的迹象。有人提议严厉禁止，曾国藩反对，说："我还嫌秦淮河上船只稀少，游人太少呢。"第二天便带了自己府中的人去游览，又在此连日设宴。百姓们知道官府不会禁止了，财主、商户们便纷纷回来，很快秦淮河又出现了欣欣向荣之势，南京城也渐渐恢复生气。

人的说话做事，成了套路，就容易出错。乾隆时期的宰相陈宏谋，为人谦恭，和首辅尹继善交情很好，对他也一向恭敬而推崇。有一次陈宏谋病得厉害，尹继善去看望，两人聊到生与死的问题，尹感慨地说："我们这一辈老人，也不知道谁会先逝呢！"陈不假思索，习惯性地脱口而出："中堂您先请。"

有些事看似难办，实则别有途径可以达到目的。本期话题：非 经验交流之妙计篇 非。

@ 话题二：经验交流之妙计篇

借用他人之力，往往可以办成原本办不到的难事。吴起在楚国改革，得罪了一大批贵族。楚悼王死后，贵族在葬礼上突然发难，群起攻击吴起。吴立即扑在悼王尸体上，贵族用箭纷纷射向吴。最终，吴被射死，悼王的尸体也满身是箭。悼王下葬后，即位的新任楚王，以伤害国王身体罪将那些贵族全部灭族。

"先下手为强"是官场上不变的真理。袁盎为人疾恶如仇，引起汉文帝宠信宦官赵谈的嫉恨。赵谈屡次在文帝面前说袁盎坏话，让袁甚是担心，就设法避祸。一日，文帝出行，赵与文帝并排坐于马车上。袁立即上前大声劝诚说,皇帝与身体残缺的宦官坐于一车,这是大汉的耻辱。文帝没办法,只好让赵下车。以后,赵再说袁坏话,文帝就认为赵是在报复,不听。

曹操小时候很调皮,其叔父甚是厌恶,经常在自己哥哥曹嵩面前数落曹操。某天,曹操途中遇见叔父,立即脸一歪,装出不能说话的样子。叔父见了,连忙回家告诉哥哥:"曹操中风了!"等曹操好模好样地回到家,曹嵩问起来,曹操就说:"这是叔父故意诬蔑我的!"从此,曹嵩再也不信弟弟的话。

东晋时,王绪常在权臣王国宝面前说殷仲堪的坏话。殷仲堪于是想了个办法:每次见完皇上后,他就找王绪单独"密谈",不过谈的内容无非是些家长里短、不着边际的闲话。王国宝见殷仲堪总是神神秘秘的,就问王绪:"殷仲堪每回找你都商量了些什么?"王绪说:"没商量什么呀。"几次下来,王国宝认为王绪是故意隐瞒,从此对他再也不信任。

东晋时,大将王敦任命幕僚温峤为丹阳县令,并为他举行酒会饯别。温峤与王敦的另一幕僚钱凤不和,怕钱会说自己的坏话,就在酒宴上,装醉将钱的帽子打落,并大骂钱。第二天,温峤要走的时候,钱凤就向王敦说温不可靠,要小心。王敦没听,说钱凤太小心眼。于是,温峤得以安全离开王敦。

楚汉相争,刘邦父亲与妻子被项羽扣留。一次,两人作战,项羽威胁要烹杀刘父。刘邦说:"我们曾经约为兄弟,所以我父亲也是你父亲。你如果要将父亲杀了煮汤,别忘了分大兄一碗!"项羽无奈,只好作罢。我们后人因此批评刘邦耍流氓,但此情此景,流氓手段也确实耍得其所。

刘邦和项羽打了好几年,项羽折腾得有点疲了,就跟刘邦商量:"这些年老百姓因为我们俩的战争受了不少苦,我建议咱们的军队别打了,你和我来单挑吧,以此决出胜负?"刘邦摆摆头:"约架我不感兴趣,我喜欢斗智!"

　　四两拨千斤。汉高祖欲废黜太子刘盈,吕后请出商山四皓帮助刘盈。高祖得知不由大惊说:"朕邀请诸公有几年了,诸公却为躲避朕而隐居深山。现在为什么诸公却愿意服侍我的儿子?"四皓异口同声说:"陛下一向轻视读书人,经常任意谩骂,臣等不愿无故受辱,所以才隐居深山。现在太子为人仁孝,恭谨有礼,尊重士人,天下人莫不希望为太子效死命,臣等为什么不出山侍奉太子?"高祖遂打消废立太子念头。

　　西汉才子司马相如"拐走"卓文君后,从临邛回到成都老家。司马家家徒四壁,两人生活得非常窘困。夫妻俩一商量,回到临邛,开了一家酒铺,卓文君当掌柜,相如穿着短衣与酒保一起洗酒器、打酒。卓文君父亲卓王孙听说后,觉得非常丢脸,最后没办法,只好给司马夫妻一百万钱、一百个奴仆。夫妻俩于是又回到成都成为富人。

　　三国名士祢衡,才情高,脾气也大。先被推荐到曹操手下做官,没几天,把曹操和其手下们全给得罪了。曹操想杀他,又怕坏了自己的名声,于是把祢衡推荐给刘表。刘表知道曹操的心思,但也不愿冒杀名士的恶名,又把祢衡送给黄祖。祢衡走到哪里都惹事,没几天就把黄祖给惹火了,一气之下杀了他。此后,人们都因此事指责黄祖不够大度,刘表和曹操则在一旁窃笑。

　　所谓将计就计。曹丕和曹植兄弟争权,曹丕用竹篓抬吴质进府谋划夺取世子之位的事,被杨修向曹操告发。曹丕非常害怕,吴质说没事,只需如此这般。第二天,曹丕将丝绸装进竹篓,往家里运。这时,杨修又去向曹操告密。曹操派人将竹篓拦住,里面根本没有吴质。从此,曹操再也不怀疑曹丕。

　　马超投靠刘备,刘备待他十分优厚,马超便直呼刘"备",这让关羽、张飞很是愤怒。第二天,刘备大会群臣,地位已很高的关张二人,恭恭敬敬地挟刀站于刘备身后。马超见了，深受感触，从此对刘备以"主公"相称，恭敬得很。

在位者想要让别人尊重你，很简单，唐朝权相李林甫就很有办法。安禄山到首都长安办事时，仗着有玄宗皇帝和杨贵妃的宠爱，对宰相李林甫不敬。李林甫也不说什么，派人叫来礼部尚书王鉷，当安禄山的面，把王尚书像训儿子一样训斥了一顿。安禄山这下明白了：要是不敬李林甫，后果会很严重。从此对李林甫格外尊敬和巴结。

东晋王羲之，年幼时，受大将军王敦喜爱，一次酒后睡在王敦床上。此时，王敦正与心腹谋士商量造反之事，被王羲之听见。王羲之怕遭害，就呕吐一身，继续装作熟睡。一会，敦想起羲之，忙揭开帐子查看。见羲之满身脏东西一动不动，以为还在沉睡，就放下了杀人灭口的想法。

晋代，琅琊郡一带连年干旱，老百姓饿死无数。大书法家王羲之连夜赶往京都，给皇上上了一份奏章。王羲之的书法绝妙，特别是奏章中的"放粮"二字。皇帝欣赏书法入了迷，拍案说："放粮！好！好！好……"王羲之一听，立即跪下大声说："谢陛下降恩于琅琊百姓！"皇帝只好恩准。

东晋成帝时，苏峻作乱，一小卒用船载吴郡太守虞冰逃走。途中，遇一检查关口。小卒立即猛灌几口酒，然后醉意朦胧地挥舞着船桨大喊："你们不是要缉拿虞太守吗？来！就在这船里！"检查的士兵见他醉酒，就放了过去。

拖延计。东晋权臣桓温临死前，请求朝廷给予自己九锡（九种天子用的礼器）。大臣谢安令袁弘起草诏书，可诏书写好后，谢安总说不满意，频频打回去修改，总共花费十多天才定稿。此时，桓温早已归天。

魏晋之际,许多名士不愿与司马氏合作,竹林七贤之一的阮籍,就是其中一位。司马昭想与阮籍结亲家,可阮籍大醉六十天,司马昭根本无法开口,只好作罢。

"晚不如早"也是一招计谋,妙用无穷。唐玄宗时,安禄山发动叛乱,想拉拢河西、陇右两镇节度使王忠嗣。王忠嗣不敢直接拒绝,就与安禄山约定某日见面,并于那日有意提前到达,然后立即返回。事后,王忠嗣宣称没等到安禄山,才率军返回。安禄山也无可奈何。

唐初,蜀中才子陈子昂刚来长安,籍籍无名。一日,陈子昂于大街见一老头高价卖胡琴,就以更高的价格买下来,并说自己擅长胡琴。众人惊讶,要求弹奏一曲。陈告诉大家,如果有兴趣,明天去某某酒楼。第二天,大家如约而至。陈先请大家用过酒菜,然后说:"我是四川的陈子昂,文章写得非常绝妙。只是来长安这么长时间,还没有得到高人的欣赏。胡琴那是低贱的乐工玩的东西,不值得钻研。大家可以看看我的文章,好就多替本人宣传宣传!"说完,摔碎胡琴,将准备好的文章发给来人。一天之内,陈名满长安。

南唐时,赵王李德诚将几名美丽的歌女,与自己妻子放在一处,让身边的一位相士辨别。相士施礼说:"头上有黄云的便是王妃!"众歌女齐向王妃望去。相士指着王妃说:"殿下,这就是您夫人!"赵王以为神通。

北宋准备攻打南唐,南唐派出知识最渊博、辩才最好的大臣徐铉,出使北宋,准备杀杀北宋武夫们的威风。北宋君臣们商量了很久,都找不出一个自信能应付徐铉的接待使,最后还是宋太祖一锤定音,选了一个没文化、不识字的侍卫,去迎接徐铉。一路上,徐铉引经据典,说得滔滔不绝,但是,侍卫听不懂,只管嗯嗯啊啊地点头应和。这可真是秀才遇着兵,几天下来,徐铉再也没有口若悬河的兴致,想杀杀北宋威风的希望自然也破灭了。

北宋时，并州知州明镐，带领军队出发去前线，很多娼妓也随军做生意，士兵们也不愿她们离去。明镐想严禁，又怕伤了士气。恰好一士兵与娼妓发生纠纷，将娼妓杀死。士兵被逮到明镐面前时，明判决："这些娼妓本来就不该在军中！"于是，将士兵无罪释放。娼妓们听说后，害怕不已，纷纷散去。这个判决，可真是一石二鸟的好计策：既得了军心，又迫使娼妓们自动离去。

南宋宰相史弥远，想给自己找块好墓地，挑来挑去，看中了阿育王寺，便通知寺院：赶紧搬家吧，这里要拆迁了。寺里僧人们惊慌不已，有个小和尚想了个招，几天后，京城城墙上贴出了一首打油诗："育王一块地，常冒天子气；丞相要做坟，不知主何意？"说阿育王寺有天子之气，宰相看中了想霸占来做墓地，居心叵测呀！海报一贴出来，京城风传，史弥远吓着了，赶紧打消主意。

美人计无处不在。某次，明太祖得知驸马欧阳携四妓饮酒，非常愤怒，急令官府逮捕。妓怕死，就想毁容以求得自保。一老吏拦住她们，教她们如此这般。太祖审讯时，妓女们只是一味哭泣，当太祖喝令将妓女推下斩首时，妓女解衣宽带，露出如玉肌肤，阵阵香气袭人。太祖一时也为之所动。最后，他说："这些小妮子如此诱人，朕都不免迷惑，何况是那小子！"将妓女释放。

明大臣严讷捐款建学堂。规划地基时，一户人家说是祖产，不迁。严讷知道后，令办事人员先动工，所需物品全部到那户人家购买，而且不还价。不久，那户人家就赚了很多钱，屋里空间不够使。于是，答应搬迁。

装聋作哑，历见奇效。明宪宗信佛，有一次，他以"大庆法王"的名义下旨，让礼部办理番僧所请千亩良田，给大庆法王做下院。尚书傅珪假装不知，上奏道："有人以大庆法王的名义，伪造圣旨，破坏祖宗国法，大大不敬，请皇上予以治罪!"宪宗看后,只好作罢。

南宋初年也有相似的故事。两叛将归降后,要求朝廷给予免死铁券。大臣朱胜非奉命负责此事,但他内心反对这件事。第二天,朱胜非问下属过去有没有一样的事例,有的话照着做。下属回答没有。朱就说:"没有怎么照着办? 拿什么颁给他们?"后来,铁券的事不了了之。

南唐名将柴克宏奉诏援救常州,枢密李征古嫉妒,派人令柴回朝。柴克宏对使者说:"破贼已指日可待,皇上圣旨未到,你却让我退兵,肯定是奸细!"于是,命人将来人拖出去斩杀。后柴克宏获得胜利,受到皇帝称赞。

借刀杀人,无疑是杀人的最高境界。春秋时,齐国公孙接、田开疆、古冶子三人侍奉齐景公,仗着功大勇猛,对景公甚是无礼。景公不满,向国相晏子请求铲除三人的计谋。晏子建议,送三人两桃,谁功劳大谁吃。田开疆和公孙接先后说了自己的功劳,各拿一桃吃了。古冶子最后一个述说自己的功劳,田开疆与公孙接一听,认为自己功劳没古开疆大,却先拿了桃,是耻辱,先后拔剑自刎。古冶子一看,觉得自己以功劳逼死二人,不是大丈夫行径,亦拔剑自刎。晏子二桃杀三士。

春秋时,晋国扣留郑伯(郑国的国君),想以此要挟郑国。但郑国假装要另立新君,并且出兵攻打晋属国许国。晋国得知后,认为扣留郑伯已经没有意义,就将郑伯释放,并与郑国议和。

秦穆公准备以贵重礼品,将在楚国养马的百里奚换回。此时,大臣公孙枝劝谏说:"楚国让百里奚养马,是还不知道他的贤能。您要是用重礼去换,就是告诉楚王他的价值,楚王必定不放!"于是,秦穆公改用五张羊皮去换,果然顺利。

战国时,六国宰相苏秦,于齐国遇刺,生命垂危,凶手逃之夭夭。临终前,苏秦对齐王说:"我死后,请大王将我五马分尸,并贴出布告,说我是燕国派来颠覆齐国的。这样,刺客一定会前来邀功请赏,趁机可以将他擒拿!"齐王照办,凶手果然自投罗网。

楚国将宋国的萧邑围住,即将破城。楚大夫申叔展,与城内宋大夫还无社是好友。申叔展怕城破时好友遇害,便大声说隐语:"河鱼腹疾(受凉拉肚子),怎么办?"还无社答:"那么请从枯井里救人吧!"申说:"井上盖些茅草!"第二天城破,申找到一有茅草的枯井,救起还。

汉高祖初年,刘邦被匈奴围困在白登山,形势非常危急。此时,谋臣陈平献计,让画家画了一幅美女图给可汗夫人阏氏送去,并带去大量宝物。阏氏见此美人图,心生妒忌,怕汉朝真将美人送来分宠,连忙劝可汗退兵。于是,刘邦得还长安。

汉景帝时,七国叛乱,吴王刘濞派使者到淮南,请淮南王出兵,淮南王心动。此时,淮南相出来,说他愿意领兵前往。但淮南相领兵后,没有跟从吴王,而是帮助汉朝廷打七国。七国之乱平定后,淮南王得以保全性命。这也算是"曲线救国"么?

东汉末年,北海相孔融被黄巾军包围,太史慈从小径秘密进城助孔融。为了能顺利出城寻求外援,一天,慈骑着马、背着弓箭,跟随的两名士兵各拿一个箭靶出城。找好一个地方,慈就开始练习射箭。这样连续练习了好几天。某天,慈又像往常一样出城来。黄巾军一见,坐的坐,躺的躺,谁也不再理会。此时,慈突然快马突围而去,等黄巾军反应过来,慈早已跑远。最后,慈顺利搬来援兵,解了孔之围。

曹魏时,宗族曹爽与老臣司马懿争权。一次,司马懿宣布病重不上朝,曹爽不相信,就派即将去荆州担任刺史的心腹李胜,前往司马懿家探听消息。李胜与司马懿相见,司马懿由两侍女搀扶,口中不断流出口水。司马懿颤颤巍巍地说:"李胜,听说你要去并州担任刺史。并州国家大门,你可得小心防备。"李胜回答是去荆州,不是并州。司马懿说:"哦!你才刚到并州啊?"李胜无语,认为老司马懿是真的不行了。回来将此情况报告曹,曹从此放松警惕,最后被司马政变杀死。

北魏大将尔朱兆所属的北方六镇兵,经常发生叛乱,虽严厉镇压,效果不佳。于是,尔朱兆就询问将领高欢,应该由谁统领才合适,高沉默。此时,高身旁的心腹贺拔允建议任用高。高一听,一拳将贺拔允的门牙打落。并大声斥责,说贺拔允一个无名小卒,竟敢在大将军面前胡言乱语。尔朱兆觉得高直爽忠心,立即任命高为六镇统帅。当夜,高就趁兆醉酒,将六镇兵带往山东,成为北齐开国君主。

唐朝,一个叫王童之的人想起义,与同伙约定辛酉日五更天时起兵。发动的前一天,有人向长官段秀实报告。段召来更夫,大声指责他报时不准,令每更都要先向他报到后,才能回去打更。因此,每更报更的时间都往后移,等更夫报五更时,天已大亮,王失败。

唐德宗即位后,淄青节度使李正己献钱三十万缗。德宗想接受又怕被人笑话,欲推辞又没理由。宰相崔祐甫奏请派使者前去慰劳淄青将士,借此将李的三十万缗钱,就地赐给全体将士。这样,淄青将士感激皇帝恩德,也使天下知朝廷不贪财货。德宗依此办理,李惭愧心服。

宦官王驾鹤担任神策军使,已经很长时间,权势震惊朝内外。唐德宗想派人顶替王的职务,但又怕发生变乱。宰相崔祐甫称此事好办。崔热情邀请王谈话,侃侃而谈了两三个小时。这段时间,顶替王职务的人早已进入军中,办完了交接手续。

釜底抽薪。南唐将士喜欢打猎,使老百姓不得安生。但战争频繁,需要将士出力,皇帝也不敢公开加以禁止,就向大臣严求讨教。严建议,下令停止泰兴、海盐等地买卖鹰等禽兽。原来,军官们打猎的鹰等猛禽,都是从这些地方购买的。一个月后,再也没有人打猎了。

以其人之道还治其人之身。南唐歙州刺史宋匡业,常常假装酒疯闹事杀人。通判张易得知后,有一次,在赴宋匡业的酒宴前,先行喝醉,入席没多久,就借小事大怒,摔酒杯,掀桌子,大呼小叫乱骂一通。宋匡业劝解,声音都嘶哑了,张易仍是叫骂不停。从此以后,宋匡业再也不敢借酒发疯。

战国时,魏国人西门豹为邺县令。当地有习俗,每年给漳河之神娶妻,以求风调雨顺。其实是巫婆、士绅借机敲诈勒索。一次,又举行河神娶妻仪式,选中的姑娘哭哭啼啼,泪流满面。西门豹一看,愤怒地斥责巫婆,说姑娘太丑,烦请巫婆去告知河神,改天再娶,将巫婆投入水中。过了一会,西门豹又说要请那些小巫婆和士绅再去催催。小巫婆等跪地求饶。从此,邺城百姓安居乐业。

五代时,安仁义、朱延寿是吴王杨行密大将。平定淮南后,两人自恃有功,暗中商议谋反。杨行密得知后,假装得了眼病,每次两人派使者来呈报公文,杨都乱指一通。走路时,也不时撞到屋柱上,甚至撞晕倒在地上。有一次,杨还哭着说自己一个瞎老头,儿子又不成器,只有将后事托付给朱延寿。朱延寿听后很高兴,立即进宫见杨。可刚到杨寝宫,就被杨用剑刺死。随后,安仁义也被斩首。

南唐后主暗中派人送给北宋大臣赵普白银五万两,赵普将此事禀告太祖,太祖让赵普接受。后来后主的弟弟李从善出使北宋,太祖也暗中送给李从善白银五万两。南唐君臣知道后,大惊,对太祖更加畏惧。

宋太祖杯酒释兵权解除了军事威胁,但应允给节度使们的赏赐又造成了国库的空虚。于是,一天太祖又请节度使们喝酒,在太祖的殷勤劝酒下,节度使们个个喝得酩酊大醉。这时太祖下旨令各节度使家属进宫领人回家。临出殿门时,太祖告诉家属们,节度使们为了表示对朝廷的忠诚,每人愿意捐献十万贯钱。第二天酒醒,节度使们纷纷询问家人,昨天是否有失态行径。家人将捐钱的事说了出来。节度使们虽然狐疑,但也不确定,只好如数交钱。

乱麻得用快刀斩。北宋时,王安石之父王益任韶州知州。州中五百名屯兵,因为轮换的人一直没来,就准备叛乱。消息传来,王益不动声色地将为首的五名士兵捉住,当场将他们判处流放,并立即执行。属员建议先关进监狱再说,王益不听。后来,其他的士兵透出消息,如果关进监狱,他们当晚就起事劫狱。大家于是叹服王益之远见。

西夏主赵德明向大宋朝廷索要粮食一万斛,宰相王旦奏请皇帝,下令有关衙门准备好粮食,堆放在京师,但要求赵德明亲自来东京取。赵德明感到很是羞辱,不愿来东京取粮,只好放弃。

北宋大将狄青镇守边塞时,手下谋士刘易喜吃苦麻菜,供应不及时,就破口大骂,有时甚至做出无礼的事。狄青于是向内地大量征购苦麻菜,一日三餐只做这道菜给刘易吃。时间久了,刘易受不了,请求换口味,并从此不再苛求苦麻菜。

　　奸相严嵩用巨鱼骨头当栋梁建造客厅,亲家公罗洪先当众斥责太奢侈。严嵩非常恼怒,留罗洪先夜宿,连夜写奏章,准备定罗一个罪名。严嵩女儿(罗儿媳妇)得知后,令人给公公送去一杯茶。罗洪先揭开茶盖一看,见里面有两颗枣和一小撮茴香,恍然大悟,早早(枣枣)回乡(茴香)。第二天一天亮,罗洪先就骑马直奔故里。严嵩只好作罢。

　　调虎离山。明成祖时,投降的胡人多安置在河北、山东一带。胡人繁衍生息,人口大增。后来异族入侵,有胡人就想趁机响应,这让朝廷非常担忧。后来,朝廷派兵征讨西南、华南的盗匪,大臣于谦建议,将胡人派去作战,盗匪消灭后,就让他们就近安家落户。这一政策实施后,数十年的隐患立即消除。

　　明武宗南巡回来后,病危,弥留之际,大臣杨廷和计划趁机捉拿幸臣江彬,然而又怕江彬手下的几千亲兵抵抗,于是找大臣王琼商量。王琼建议,以江彬手下士兵随从皇帝南巡有功为由,调离他们到通州领赏。这样,就可以趁机捉拿江彬。一实行,果然成功。

　　明英宗时,锦衣卫门达嫉妒土木堡之变中护卫功臣袁彬,想罗织罪名致袁于死地。漆匠杨埙听后,出于义愤,上书言袁彬无罪,说是门达诬陷好人。门达将杨埙逮捕,审讯。杨埙知道,自己如果硬抗,肯定会被害死,于是,他"密告"说自己是受大学士李贤指使,第二天上朝时可以与李当面对质。第二天,上朝时,杨埙却大喊是受门达指使,并详细说明了门的罪行。从此,英宗疏远门达,后门达被贬死。

　　用死人气死活人。明朝时,西北庄浪部落的首领鲁麟,向朝廷求取大将不得,而有怨恨。有人怕生事端,就请求朝廷满足他的愿望,或者将他召进京,给他封地。但大臣刘大夏反对,他认为鲁麟实力不足为虑,迁就他会损害朝廷的威信。刘大夏建议,对鲁麟的祖先进行隆重的褒奖,而不搭理他本人。最后,鲁麟受不了刺激,抑郁而死。

孙膑乃有智慧之人。一天,齐威王想考验他,说:"孙先生,你能把我从山脚弄到山顶上去吗?"孙膑回答:"上山顶不行,如果威王在山顶,我可以让您自愿下到山脚来。"威王于是去到山顶,孙膑说:"大王,我已经让您自愿上了山顶!"

孙膑和庞涓,都是鬼谷子的学生。庞涓受魏王重用后,孙膑去投奔他。庞涓嫉妒孙膑的才华,暗中在魏惠王面前诬告孙私通齐国,致使孙受膑刑致残。庞涓又想杀掉孙膑,庞的家仆将此告诉孙。第二天,孙膑开始装疯卖傻,庞涓不相信,将他关进猪圈。孙膑在猪圈时而呼呼大睡,时而抓起猪粪狼吞虎咽。庞涓认为孙膑真的疯了,就放过了他。后来,孙膑逃到齐国并成功复仇。

齐国大将田忌与齐王赛马。马匹分上中下三等,齐王每个等次的马匹,都比田忌的稍微快一点。田忌的军师孙膑对田忌说:"您用下等马与大王的上等马比,用上等马跟大王的中等马比,用中等马与大王的下等马比。"最终,田忌三局两胜,赢得比赛。

范蠡臣事田成子时,一天,田成子离开齐国去燕国,范蠡背着行囊跟在后面。行至望邑时,范蠡对田成子说:"现在您尊贵我卑微,如果您扮成我的上宾,人们会认为我是一位千乘之国的国君;如果您扮成我的使者,那别人会认为我是万乘之国的公卿;如果您扮成我的随从,效果会更佳。"田成子接纳他的建议,扮起范蠡的随从。两人来到一旅店,主人见随从仪表不凡,就认为主人肯定是大贵族,立刻拿出酒肉殷勤接待。

王莽时期，琅琊海曲一姓吕的县吏，因犯小错，被县令杀害。儿子死后，吕母多酿好酒，多购刀剑衣服。后生来买酒，她总是多给。贫寒人来店中，她就送衣服。几年后，家产用尽，受过吕母恩的人，请求报答吕母。吕母哭道："老朽之所以厚待你们，是认为你们是好汉，能帮我报儿子的仇。你们能可怜我吗？"大家齐声答应。于是，吕母发给他们刀剑，自称将军，攻破海曲，杀死县令。

东汉末年，军阀董卓专权，曹操准备去刺杀董卓。某次，曹操面见董卓，趁董背对自己时，抽刀要杀董。可董突然转过身，见曹抽刀，责问："你想干什么？"曹急中生智，立即跪下来，将刀举过头说："在下近来得此宝刀，愿献丞相！"董接过宝刀，很高兴。等曹走了后，董猛然醒悟，派人去追，曹已经逃出城去了。

一日，老鼠咬坏了曹操放在库里的马鞍。库吏害怕被处死，就想投案自首，但被十余岁的曹冲制止，说自己有办法。曹冲将自己的衣服戳穿几个洞，然后凄然对父亲曹操说："父亲，百姓都说，衣服被老鼠咬破就会死掉。现在我的衣服被咬破，必定会离父亲而去。"曹操笑着安慰儿子："那是胡说八道！"后库吏报告马鞍被咬坏一事，曹操说："不是你不称职，实在是老鼠太猖獗呀，连我儿子身上的衣服都被咬破了！"于是不予追究。

有次，年幼的诸葛恪，随父亲诸葛瑾（字子瑜）参加吴主孙权的宴会。席间，孙权命人牵进一匹驴，上一标签书"诸葛子瑜"（诸葛瑾面长似驴）。诸葛恪恼怒，求得同意后，在标签上加两字，变成"诸葛子瑜之驴"。孙权赞叹，将驴赐给诸葛瑾。

三国时，孙权弟孙翊被手下谋杀。叛将见孙翊妻貌美，想霸占。孙翊妻假装柔顺地表示同意，暗中却联系忠于孙翊的部将。某夜，孙翊妻打扮得漂漂亮亮,等候叛将,叛将一进门,孙翊妻就大喊一声,孙翊的心腹将领窜出来,将叛将捉住并处死。

隋朝末年,襄州都军务周景温调往徐州。周景温有个仆人,自恃武艺高强,与自己妻子骑驴独行,走到一偏僻处,被人所杀。仆人妻大喊说自己是良家女子,是被仆人霸占的,请求饶命。强盗就没杀她,带着她同行。一行人来到亳州某驻军处时,仆人妻趁机跑到军营告发强盗,强盗们被捉住,斩首于街头。

明朝时,某富家管钥匙的女仆蓝氏,被一群强盗挟持。蓝氏主动交出钥匙,并带领强盗将家中所有贵重物品洗劫一空。天亮,主人得知,责备蓝氏。蓝氏说:"这伙强盗全都穿着白衣,我趁他们不注意,在他们背上滴了蜡烛油。老爷您赶快报案,让捕快以此密查,必能擒得强盗!"果然,强盗很快落网。

清朝末年,在北京的传教士巴登,盗窃报国寺一尊明代瓷观音,害得主持得重病。来京传艺的景德镇制瓷艺人周小泉得知后,用计将观音赚回。巴登告到衙门,衙门得了贿赂后,知道巴登会喝酒,就荒唐判决,让两人喝酒定观音的归属。三大壶喝完,巴登烂醉如泥,而周小泉清醒如初。衙门只好将观音判给报国寺。原来,周小泉喝酒的壶,分内外两层。内层装酒,外层装水。壶把上有两小孔,分别连着内外层,壶嘴也连着内外层。如果用手按着上小孔,就出酒;按住下小孔,出水,而周喝的全都是水。

古人为官从政，需要的是多面的智慧。想要做一个好官，除了保持正义公平之外，还需要一些小伎俩和小聪明。本期话题：井经验交流之理政篇井。

@ 话题三：经验交流之理政篇

榜样的力量是无穷的。春秋时,齐人驾车时,以车轴互相撞击为乐。官府多次下令禁止,但风气不改。一日,国相晏子乘坐一辆新车,故意与他人车相撞,然后大声说:"车相撞是很不吉利的事,难道是我祭拜神明时不恭敬,待人不谦和?"弃车而去。从此,齐人不再盛行撞车。

齐桓公喜欢穿紫色衣服,于是全国紫衣大行其道。桓公为此很受困扰,向国相管仲讨教了方法。第二天上朝时,桓公说:"寡人最讨厌紫色,你们这些穿紫衣的人,千万不要靠近寡人。"此话一出,全国再也没人穿紫衣。

汉宣帝时,渤海郡盗贼作乱,朝廷派兵镇压,军队和地方官吏则趁机生事,胡乱指认盗贼,夺人家产,因而屡征不服。宣帝委派老臣龚遂为渤海太守,前去平乱。龚遂到后,立即下令:凡拿锄头等农具的人都是良民,官吏不得拿问;只有持兵器的人才是盗贼,格杀勿论。命令一下,盗贼们纷纷解散回乡,拿起锄头务农。不久,郡内大定。

三国东吴太子孙亮,吃蜜渍梅子时,发现里面有鼠屎。太监说是管仓库的失职,库吏辩解给时没有。孙亮令人剥开鼠屎,里面很干燥。他对大家说:"如果鼠屎早就进了蜜罐,肯定里外都是湿的。如今里面是干的,说明鼠屎是刚放进去的。"太监认罪。

三国时期,大将黄盖任石城长。黄盖对县中小吏说,贼寇未平,军务繁重,自己也不懂政务,一切委托小吏。如果敷衍塞责,后果自负。小吏刚开始还能负责,后来欺黄盖不懂公文,懈怠放肆。黄盖暗中搜集几件不法事,然后召集小吏说:"本官有言在先,如有作奸犯科事,后果自负。什么后果?处斩!"于是,将舞弊者全部斩首,从此无人再敢欺瞒。

隋朝时,有个大恶霸叫冯弧,依仗姐夫是朝廷高官,无恶不作,有次竟用砖头砸死一人。本地县令魏复判处冯弧死刑,并将案卷呈报朝廷,但被冯弧的姐夫驳回。魏复又呈报,仍被驳回。于是,魏复在案卷上写道:"杀人犯马瓜,无故伤人性命,按律当斩,特报请审批!"此次,冯弧姐夫没注意,大笔一挥"同意处斩"。批文回来后,魏复在"马"字旁边添了两点,"瓜"字旁加一"弓"字。然后,立即命人将冯弧处死。

治国未必要重典。唐时,李封任延陵县令,吏民违法的,不处以杖刑,而根据罪的轻重,来决定戴绿头巾的数目和期限。戴着绿头巾的人,被人指指点点,很是羞辱。于是,大家都不敢犯罪。李封直到辞去官职,从未打过一人,而县内大治。

唐朝名将哥舒翰,派手下张擢进京奏事。张擢贿赂杨国忠,滞京不归。后来哥舒翰有事入京,张擢害怕,立即让杨国忠任命自己为御史大夫兼剑南西川节度使。诏令下达后,张擢自认为有了护身符,去谒见哥舒翰,但仍被以渎职罪杀死。事情上报到玄宗那里,玄宗认为哥舒翰是依法办事,做得对。

金朝,一月黑风高夜,博州狱囚想借机越狱。狱吏急忙将此事报告防御使仆散忠义。仆散忠义不慌不忙,命令守更小吏击鼓吹号(天明的信号)。囚犯们一听,以为天亮了,只好一个个戴上刑具,老实待在狱中,越狱失败。

北宋,渑池县山上一座庙,年久失修残破不堪。知县种世衡组织人进行翻修,刚开始比较顺利。后由于梁木太过粗大,民工无法抬上山,工程停滞。于是,种世衡令手下强壮的军士,打扮成力士模样,然后贴通告说要在寺庙举行相扑表演。到了表演日期,百姓如潮般向寺庙涌来。此时,种世衡对百姓说:"今天是寺庙上梁的吉日,乡亲们先帮忙运一下木梁,然后再观赏相扑表演。"大家踊跃上山,不久梁木就被运了上去。

北宋吕公弼为官成都,因法度宽松,人们讥讽他优柔寡断。一次,某小卒犯法该受杖刑,可小卒说:"我宁可被杀,也不愿意挨打!"吕公弼说:"先行国法,再遂你愿!"立即下令先打后斩。从此,无人敢轻视他。

宋时,起居舍人(官名,掌皇帝起居,记其言行)毋湜奏请废止陕西地区通行铁钱。朝廷未批准,但消息传出,当地百姓纷纷用铁钱抢购物品。商家拒绝,市场一片混乱。此时有人建议朝廷严令禁止,但大臣文彦博反对,说这样只能加剧混乱。他从自己家中拿出丝绢给商家,让商家只收铁钱。百姓知道后,心这才安定,不再排斥铁钱。

　　宋真宗时，契丹南下深入燕赵。百姓恐惧惊慌，纷纷想渡黄河避难。船家为大捞一笔，故意推托不开船。齐、濮安抚使丁谓知道后，从狱中找来一名死囚，扮成哄抬船价的船夫，当众斩首。船家害怕，只好开船让百姓过河。

　　宋真宗时，一外戚家族因分家产不均，发生争执。真宗派大臣张齐贤去处理。张齐贤对当事人说："你们是否都认为自己东西分少了，而对方分得多？"当事人都回答是。张让他们于供词上签字画押，再派官员监督彼此住进对方的住宅，而且财产器物一律留下，财产文契则相互交换。最后，谁也无话可说。

　　宋时，洞庭湖、湘水一带，皆种植水稻，但有些田地势高，不便灌溉，只好任其荒废。太守李允则想了个法子，下令说："以后税赋改交粟米和粟秆。"粟耐旱，来年，湖湘百姓将高地全部种上了粟米。

　　南宋初年，一次，临安城中货品滞销，几乎停市。主管官衙将此事报告丞相秦桧，秦桧立即命人召文思院令（文思院，主管加工制造金银、珠玉等的部门），并且故意频频派人催促。文思院令来后，秦桧告诉他，刚刚接到诏令，说是皇上有意更改币制，让文思院赶快打造新币模板，新币上市后，旧币禁止使用，并下令第二日就得交差。城中富豪闻知此消息，纷纷出钱购买金帛，市场顿时激活，而新币并没有实施。

　　明朝时，苏州小吏猖狂。况钟到任知府后，小吏拿来公文，况钟不问对错，一律批示"可"。吏员认为况钟软弱可欺，从此横行不法。一个月后，况钟召集吏员，将他们的丑行一一揭发，然后立即下令将犯法的属吏处死。从此没人敢为非作歹。

　　清末，游智开在安徽和州做布政使，和州人喜欢打麻将，游智开想禁止赌博，又怕禁不住，想了一个办法。他把当地所有的乞丐召集起来，告诉他们说："只要看见有人赌博，就进去讨钱。"这样，赌博的时候就会不断有乞丐来要钱，刚打发走这个乞丐，第二个乞丐又接着来了，打麻将的人根本没办法打了，只好匆匆收拾赌局，不久，赌博之风得到治理。

汉宣帝时，张敞出任京畿地区长官。时长安小偷盛行，张敞一到任，便赦免其中的头领，让他将功补罪，并聘为小吏。头领回家，小偷们前来恭贺，酒宴上，等小偷们醉酒时，头领以红土染他们的衣襟。出来后，见有衣襟染红的，官府就予以逮捕，一天中捉到数百人。从此，长安市面肃然。

西汉末年，两人为争一匹绢告到郡衙门。太守薛宣命令将绢剪断，各分一半。两人走后，薛宣派人偷偷跟在后面。一人沾沾自喜、称颂太守，一人垂头丧气、埋怨太守。追回后，欺骗的人只好认错并返还所得绢帛。

东汉，庄遵任扬州刺史。某天巡行，听一妇女哭泣，恐惧而不悲伤。庄遵于是停车询问，妇女答："丈夫被火烧死！"庄遵心生怀疑。见有苍蝇绕死者头顶飞转，仔细一瞧，头顶被钉入一根铁钉。审讯妇女，系谋杀亲夫。

三国时，吴国句章有妇人杀夫后烧毁房屋，夫家上诉至县令张举，妇人不服，言"火烧夫死"。张举取猪两口，杀死一头，捆绑一头，同时投入火中焚烧。结果，活猪嘴里有灰，死猪嘴里无灰。验妇人丈夫尸，口中无灰。妇人认罪伏法。

三国时，魏国魏郡有人投匿名信诽谤朝廷，其中多处引用东汉张衡《二京赋》。太守国渊选了三名聪明的书生，对他们说："《二京赋》博大精深，但能够教授的人少之又少。你们要找到这样的人，向他请教！"十天后找到一位。护送三人前往的官员，顺便请此人代写了一封书信。笔迹与匿名信相同,真相大白。

晋朝,罗际任吴县县令,有个老人来报案,说他有匹马被盗。罗听了老人对马的描述后,贴出通告:本县罗际,奉朝廷之命,出白银千两,买一匹宽脊梁、色如红炭的四岁口大马。有此等好马者,速送县衙!半天后,一马贩送来合格的马。罗让老人上前,马一见,挣脱马贩手中缰绳,亲热舔舐老人的手。于是,擒住偷马贼。

南北朝时,某月黑风高夜,有个老太婆半路遭劫。一路人听到喊叫声,立即上前追赶,将强盗捉住。谁知强盗反诬路人是强盗,老太婆也分不清。于是,两人来到官衙。父母官符融命令两人赛跑,看谁先到城门口,后到者是强盗。众人不明白,符融说:“强盗抢劫后,有人追赶,肯定会拼命逃跑。他如果速度快,就不会被路人捉住。所以,他肯定比路人跑得慢。一比赛,不就什么都清楚了吗?”

南朝刘宋傅琰任山阴县令时,有两人为争夺一只鸡来打官司。傅琰问:“你们俩用什么喂鸡?”一说小米,一说小豆。剖开鸡肚一看,是小米。于是,说用豆喂鸡的人受到处罚。

南齐时,吴兴郡多抢劫、盗窃的事情。太守王敬则决定治治这事,一天,捉到一名小偷后,王敬则命人将其亲属叫到一起来,当面打了小偷数十鞭,然后派他扫大街。过了一段时间,再让小偷检举同伙顶替。一时间,郡内盗贼纷纷出走,治安顿时好了很多。

南北朝时,有个武士押送三百匹绢,在岐州被劫。武士立即向刺史杨津报案,并告之强盗穿什么衣,骑什么马。杨派人宣扬:有个人穿某色衣,骑某色马,于某地被杀,家属速来认领尸体。果然有个老太婆过来哭着说,死者是她的儿子。以此,捉到强盗,并查获赃物。

北魏延昌年间,寿春县苟泰三岁幼子,被人卖至本县赵奉伯家。苟泰要求归还,遭赵奉伯拒绝,并说儿子是他的。两人告到扬州刺史李崇那。李崇将孩子留下,一个多月后,找来二人说:"昨晚,孩子突然得病死了!"苟泰呼天抢地,而赵奉伯只是叹了口气。孩子其实没死,李崇当即让苟泰带回,而将赵奉伯打了四十大板。

北魏雍州,一个挑盐的,一个挑柴的,为一张羊皮褥子争将起来,一直闹到官府。刺史李惠吩咐拷打羊皮,以断是非。衙役将羊皮悬起用棍敲打,掉下一些盐粒。李说:"这不就明白了吗? 羊皮是挑盐人的!"挑柴的只好认罪。

南北朝时,有个胡人家中被盗,告之北周的宜州刺史柳庆。柳庆模仿盗贼的口气写了封匿名信:我们合伙盗了胡人家。我们是一群贪图小利的小人,我现在很害怕,担心有一天事发,害了自己。假如官府自首可以赎罪,我就投案举报! 并将匿名信公之于众,又贴出官府允许自首、揭发者有奖的通告。没几天,一盗贼自首揭发,同犯被一网打尽。

唐朝,刘崇龟镇守的岭南南海郡发生命案:有位少女与人私会,被杀,现场只留下一把菜刀。于是,刘崇龟下令:某天举行盛宴,本县所有厨师前来衙门服役。到那一日,厨师来后,又传令:今日已晚,明日再来。并且让他们留下菜刀。刘用作案的刀替换其中一把,第二天命各人各取其刀。一厨师说:"这刀不是我的,是某某的!"于是,凶手水落石出。

唐时,一个人叫吕元的人,伪造仓督冯忱的手笔,盗取官粮。当地县尉审理此案。县尉拿出一张吕元的真迹,中间露出两字,问吕元:"这是你写的吗?"吕元答不是。又取吕元伪造冯忱的手笔,中间露出两字来问,吕答是。

县尉将两张纸一摊开,吕元愕然,伏法。

唐朝,一农夫挖到一罐"马蹄金",送到县里。县令怕丢失,放于自己家中。第二天,却发现都是土块。于是,有人说县令私吞,告到州府。负责此事的袁滋一瞧,命令熔铸与土块体积相等的金块,用秤一称,达六百余斤。而当初是用竹扁担抬进衙门的。袁滋明白了,金块被抬进衙门之前,就被换成土块。因为,竹扁担根本无法承担那个重量。于是,县令获得清白。

五代时,有人将刚上市的樱桃献给后汉大将慕容彦超,被仆人偷吃,管家审问后无人承认。此时,慕容彦超对奴仆们说:"你们肯定不会,这是管家误会啦!大家受惊了,每人赏酒一杯!"酒中已暗中放入具有催吐功效的藜芦散。众人饮下后,立即呕吐,偷吃的人吐出樱桃。

北宋李孝寿,任东京府尹时,一举人因受到仆人欺凌,写了一纸诉状,然后模仿李孝寿的字迹判决:"不必审查,罚打二十大板!"可并没有实施。第二天,仆人却上开封府控告举人模仿府尹大人字迹,私自用刑。李孝寿了解情况,于是大声喝道:"你主人的判决正合我意!"当场狠狠打了仆人二十大板。

宋真宗时,包拯任天长县知县。有农民耕牛被割舌,不能进食,已经奄奄一息了。农民来告,包拯让他宰牛,并说官府以后会资助他再买一头牛。后来,包拯贴出文告:"当前正值农忙季节,一律严禁宰杀耕牛。违反者严惩不贷,告发者奖励!"不久,有人来告本村有人杀牛,包拯严厉对他说:"你就是割牛舌的人!"包断定,知道人家杀的是必死之牛而来告,那肯定是跟牛主有仇,所以断定告状者是割牛舌的人。一审果然。

包拯任天长县知县时,乡民甲和乙是好友,一次,两家牛角斗,死一头。

于是,两人争执到县衙。包说:"你们本来是好友,现在因为牛的事而反目,太不应该了。我得让你们和好如初。"提笔判道:"二牛干角,不死即活;活牛同耕,死牛同剥。"甲乙欣然,答谢而退。

宋神宗时,河中府录事参军宋儋年,晚宴后口鼻出血而亡,知府范纯仁认定是中毒身死。一查,得知宋儋年的小妾与一小官吏有染。范纯仁立即将两人逮捕,一审讯,两人承认是他们在鳖中下了毒。范疑惑,因为鳖早就上桌,宋不可能坚持到晚宴结束,且不止宋一人吃了鳖。于是,继续追问。两人只好承认,宋是回房喝了小妾送上的酒才死亡,之所以说在鳖中投毒,是为了以后翻供。真相大白,两人被处死。

宋朝陈述古任建州蒲城知县时,有富翁家失窃,捕到数人,不知谁是强盗。陈述古令嫌疑犯们站在庙前一钟前,说:"这钟特别神奇,小偷摸了有声,不是小偷就没声。"然后将钟用幕布围住,暗中以墨涂满钟,让疑犯们通过幕布伸手去摸。盗贼害怕没敢摸,验手时,手上没墨,陈对他说:"你就是盗贼!"盗贼认罪。

理学大师程颢任泽州晋城知县时,张姓员外之子告状说,父亲刚死,就有老头上门冒充是他亲生父亲,要钱。而且老头还出示了一张证明,上面写着:"某年某月某日,某人将我子抱走,送给员外张三翁。"刚亡故的张员外七十六岁,儿子三十六岁。程颢责问老头:"孩子出生时,张员外才四十岁,别人会喊他张三翁吗?"老头无语,承认自己是讹诈。

北宋一狱吏贪婪凶残,凡在押犯人不送重礼的,一律残酷虐待。有天,一强盗对狱吏说:"我案情很重,免不了死刑。临死之前,我送你一些富贵。你把本县富户的名单开给我,审讯时,我就说他们是窝主。他们被抓进监狱后,家属肯定会送你很多金银!"狱吏照办。审讯时,强盗痛快认罪,并背出一连串名单,说他们是窝主。县令一听,立即让衙役捕来辨认,可强盗说不认识。县令大怒说:"不认识,你怎么知道他们的名字?"于是,强盗将狱吏供了出来。最终,狱吏被革职杖责。

金明昌年间,景州有妇人与隶卒马全、王二通奸。一天,妇人与王二约城外树下相会,马全知悉后提前到达约会地点,把妇人暗中杀死。官府将王二逮捕严刑拷打,王二只得胡乱说是自己干的,并已将妇人包袱埋于树下。派人搜索,果然。王二大惊失色,参与审讯的张公谨狐疑,问看门衙役审讯时谁在偷听,衙役回答"马全"。一审问,果然包袱是马全所放。

临晋主簿李复亨,一次护送官马住旅店,半夜有匹马被杀。李复亨将店主的仇人全部找来,并搜出他们身上的刀具,然后将刀把放在火上烤。其中有一把颜色变青。审讯刀主,就是凶手。(沾染过马血的刀具,经过烧烤会变青)

元朝浙江宁海,一群老太婆于庵堂念经,其中有一人衣服被盗,告到父母官经学家胡汲仲那。胡汲仲让众老太婆手里拿些麦粒,围着佛像念经,并对她们说:"我现在叫神佛来监督你们,如果有谁偷了衣服,手里的麦粒就会发芽!"期间,一老太婆不停地看自己的手掌心。胡汲仲叫人将她捆起来,一审,果然是偷衣人。

明朝时,湖州贼寇作乱,朝廷下令兵部派兵征讨。属下来请示时,兵部尚书王琼大声斥责说:"不就是几个毛贼吗?派几十个伙夫就能将他们擒获,那用得着劳动朝廷?谁胡乱报告的圣上,我一定要上奏弹劾他!"贼寇得知这个消息后,放松警惕。这时,王琼暗中奏请朝廷密令大臣许廷光率领民兵剿匪。贼寇猝不及防,被许廷光率领的几千民兵轻松打败,朝廷却花费极少。

　　明朝时,荆州城城墙扩建,工程预算已经计划好。可朝廷突然下令,要求城墙要增厚二尺左右。于是,知府召集官员讨论增加预算的事,属官杨云才表示不需要增加,他有办法。一日,杨云才来到砖场,找到场主,让他拿来砖模。拿来后,杨看了看,突然大怒说模子不合格,而将自己拿来的模子给场主。杨带来的模子已暗中加宽。城筑好后,尺寸恰好符合要求,但预算没加一文钱——只是苦了砖场主和民工。

　　明朝时,两广地区蛮族甚多,民风愚昧剽悍。韩雍镇守两广时,一日,宴请当地乡绅,饭后踢球作乐。期间,暗中使人指着旁边一石球说,那就是韩雍平时玩的球。乡绅们个个惊得吐舌。韩雍又在头发里放上铁屑,伞盖下暗藏磁石。每次出行,须发怒张,加上韩本人身材魁梧,蛮民一见,无不视为神明。此后,谁也不敢作乱。

　　明宣德年间,一路大军经过江陵县。知县张恺接到总督命令:火速送数百火炉及配套架子至军中。张恺立即召集木匠,将方漆桌桌腿锯去一半,又将桌面凿个大孔,再将铁锅放置在上面。送到后,总督又要一千多马槽。张恺召集妇女,用棉花缝成槽,槽口缀上绳子,再用木棍将四角支撑开来。用完后可以卷起来携带。收到后,总督甚是满意。

　　明朝时,严州七里泷渔民,白天打鱼,晚上做盗贼。知府万观得知后,下令渔民十艘船组成一甲,划定地区让他们负责巡逻。并且说以后如果有盗贼,就拿他们是问。自此以后,再也没有出现盗窃案件。

　　明朝南京刑部典吏王宗小妾被杀,王宗被逮捕,但他说自己冤枉。浙江道御史杨逢春侦查此案,于某夜二更后审讯。审讯途中,杨突然令衙役在外监视,如果有人窥视,立即予以逮捕。抓住一人,后知就是凶手。有人问杨为什么这么料事如神,杨说:“白天审讯,看的人多,难以辨别真正的凶手。

而深更半夜,只有跟自己利害相关的人,才会来看,这样凶手就现身啦!"

明朝,安吉州一富户娶媳,于洞房中逮住一贼送往官府。审讯时,小偷狡辩说,新娘有隐疾,要他随时上药。于是,审判官员找来一名妓女冒充新娘,与贼当面对质。贼一见"新娘"就大喊:"新娘你请我给你治病,怎么又把我当做贼呢?"官员说出真相,贼认罪。

明朝,冠氏县一妇女抱子过瓜园,摘一瓜给儿子吃,被瓜主抓到送至官府。期间,瓜主自摘三十个瓜带上,也说是妇女所摘。知县唐公问明妇女没带筐,就让他抱着小孩去捡瓜,还没捡上十个,妇女已支撑不住。知县责问瓜主:"如此!岂能偷你三十一个瓜!"瓜主只好承认诬告。

明朝,甲乙两人争一把伞,告到按察使周新那。周令人将伞劈开,两人各拿一半。待两人出衙门后,周派人尾随。途中,甲说:"我本来想给你一半钱,伞归我。弄成这样,你不也吃亏了吗?"乙愤怒地说:"伞就是我的,还半价,天下有这样的事吗?"于是,衙役将甲捉去治罪。

清乾隆年间,河南邓州一商人拐走一农夫之妻。告到官府,妇女却说商人是她丈夫。州官难决,请来当地智者庞振坤。庞命令衙役买来糖果,将女人身边刚会走路的小孩抱过来,先给他吃了几块糖,接着又给他一块糖说:"这一块给你爹吃。"小孩送给了农夫。农夫妻与商人只好如实招供。

邓州大西关外有个哑巴,妻子漂亮,被人调戏,最后勾搭成奸。哑巴找到智者庞振坤,让他代写状纸,可自己不能说话,急得直哭。庞一想,给他写了这么一状纸:具状人,聋哑人,特写状纸告那人,求老爷,派差人,跟着哑人找那人,找着那人抓那人,抓来那人打那人,打罢那人问那人。父母官照办,果然还哑巴以公正。

邓州有个老寡妇,大儿在家种地,小儿出家当和尚。大儿突然病故,寡妇要求小儿还俗,可寺庙主持不许。告到官府,官府说按佛家规矩办事。寡妇无奈,向智者庞振坤求助。庞给他写了一张状纸:和尚有再收之徒,寡妇无再生之子。州官一看,觉得有理,就令主持让寡妇小儿还俗。

某天,一贼说庞振坤是他的窝主,庞被差人带走,中途他往头上套上一个纸盒,只露出眼睛。到了公堂,庞问贼人:"我绰号庞大麻子,可是远近闻名。你既然说你是我养的贼,那你说说,我是黑麻子还是白麻子?"贼答:"不黑不白!"庞取下纸盒,贼大吃一惊,庞脸上根本没有麻子。于是只好招认,说自己是一财主派来诬陷庞的。

清同治年间,鄞县一乡下人踩死米店店主一只雏鸡。店主要乡下人赔九百文,说雏鸡长大可卖这价。乡下人身上仅有三百文,两人争执起来。知县段广清恰好路过,他帮助支付一部分加上乡下人典身上衣所得,如数赔偿。正当店主含笑接钱时,段广清说:"现在鸡死了,也就省了粮食。既然他赔了你大鸡的钱,你也应该还他几斗米,这样才公平!"店主懵然,只好给了乡下人几斗米。几斗米可比一只鸡值钱多了!

清光绪年间,广东陵丰县一老妇告儿媳不孝:过寿辰,自己喝青菜萝卜汤,儿媳却大鱼大肉。而媳妇满脸冤枉之情。县官观察了一会说:"老太太,本县出现不孝事件,都是本官的错。为了弥补我的错误,现在我准备两碗寿面,一是为你祝寿,二是希望你婆媳以后和睦相处!"暗中,县官让人在面中放了呕吐药。一吃,婆婆吐出鱼肉,媳妇是青菜萝卜。婆婆认错。

清朝,有人控告鸡被邻人所盗。于是,县官将他的邻居全部唤来审讯,无人承认。县令一看,让他们跪在下面,自己继续审其他的案子。过了很久,县令才打着哈欠说:"本官累了,你们先回吧!"众邻人站起要走,县令突然拍案怒喝:"偷鸡贼哪里走!"偷鸡的人冷不猝防,颤抖着双腿又跪下。一审讯,正是偷鸡贼。

清初,黄敬任兰溪知县未满两个月,官印就被一姓胡的狱吏所盗,但逮捕又怕胡毁坏官印,因此很是为难。此时,有人为他献上一计。当天午夜,公堂突然失火,黄敬即令官吏衙役前来救火,胡也在其中。黄当众叫住胡,交给他上锁密封的官印盒保管。第二天,黄敬令胡交上官印,一打开,官印赫然在目。

清康熙年间,罗城县令于成龙路过邻县一村时,见几行人抬着一名病妇行色匆匆,形迹可疑。于成龙拜访邻县县令后,得知发生一起盗案,立即请县令派人去路过的村庄捉拿。果然,捉住强盗。有人问他是怎么看穿病妇之蹊跷的,他说:"我看他们轮流抬床,说明很重。又不停地用手去捂紧被褥,说明里面可能有见不得人的东西。而妇人的老公见着病妻,一点都不难过,这妇人的病肯定是装的!所以,我断定这伙人是盗贼。"

于成龙任黄州知府时,一张姓强盗头目危害湖北全省。于成龙本想捉拿,但证据不足,怕难以定罪,于是化名"杨二"潜伏于张家。待完全掌握情况后,他逃出张家,并立即派人将张逮捕。张见"杨二"便是知府大人,大惊,跪地求饶。于成龙扔给他几十个案件卷宗说:"你把这些案件破了,我便饶恕你!"没几天,强盗团伙全部落网。

清康熙年间,江苏高邮县城一户人家嫁女,嫁妆服被全部被盗。巡抚于成龙此时恰好到此处,他立即吩咐只留一城门,并派人严格盘查行人。同时,贴出布告说要在全城进行大搜查,并派两人去城门口观察,见有反复进进出出的,立即扣押。不久,抓来两人,一脱外衣,里面全是女服,正是失窃的嫁衣。原来,两个盗贼闻知大搜查消息,就将嫁衣穿在身上,分批转移。

结果,盗贼被捉住。

　　清朝,东胡县民妇不意撞见婆婆偷情事,婆婆自杀,民妇被抓,为保婆婆名声,咬定是自己逼死了婆婆。知县知道其中有冤,就故意将一衙役之悍妻打了一顿,与民妇关在一起。悍妻整夜嚎哭喊冤,民妇劝他说:"天下有些事,就算冤枉,你又能怎么样? 像我,为了婆婆的声名,不但遭受重罪,还要毁一世的清白,还不是要默默承受! 你这是小事,又何必如此难过!"知县通过密探得知,立即提审民妇,民妇只好如实禀告,冤屈得雪。

　　清朝,江宁县一已订婚女子被龙卷风吹到城外九十里处,侥幸活下。但男方父亲李秀才认为太离奇,认定女方有奸事,告到官府要退婚。知县袁枚告诉他:"古代有吴门女被风吹到六千里外的故事,后来,此女嫁的人成了宰相。不知你儿子有没有这样的福气?"李秀才一听很高兴,再也不提退婚之事。

　　清朝,湖口县捕快曹福一日坐于县衙门前,见一中年人身穿儒服,手摇扇子,显得很是文雅。曹却突然上前呵斥那人,那人十分惶恐,拔腿就跑。有人问曹为什么知道那人不是好人,曹答:"我看他走路老低头,眼睛斜着东张西望,身上穿着儒服也很不习惯。所以,我断定他是假斯文,不是一个好东西!"

　　清朝,一日湖口县捕快曹福在河边散步,突然跳上一条小船,查出赃物,并逮到强盗。事后,有人问他为什么那么神,曹说:"这船很小,但在风浪当中却很稳。而且系船的绳缆,拖着小船,显得很重。所以,我断定此船底下有蹊跷,船夫有问题。"

@ 话题四：经验交流之军事篇

在政治家眼里，政治利益至高无上，为了利益，什么都是可以牺牲的。春秋时，郑武公准备侵吞胡国。他先将女儿嫁给胡国国君，后又公开斩首主张伐胡的大夫关其思。待胡国防备松懈，郑武公趁机出兵，灭掉胡国。

秦国派兵偷袭郑国，途中与郑商弦高相遇。弦高拿出四张皮、十二头牛献出秦军，并说自己是郑国国君派来慰劳秦军的。同时，秘密派人火速回国报告消息。秦军主将孟明视对将领们说："郑国国君既然派了人来慰劳，那肯定已经做好准备！我们远程奔袭，没有后援，还是撤军吧！"第二天，秦军撤退。

秦惠王想攻打蜀国,蜀道难行,找不到进军的路线,就想了条妙计:雕了五头石牛,超级重的,石牛屁股那儿放了些黄金。蜀国人看到了,以为石牛会屙金,这是宝贝呀,于是蜀王派出五个超级大力士,把石牛千辛万苦地拉回家。石牛所经之处,一条道路便压了出来。秦军随后进攻,灭掉了蜀国。

齐景公拜司马穰苴为将军,宠臣庄贾为监军,率兵抵抗晋燕联军。出兵前,司马与庄约定:明日正午于军前会合。第二天,庄不守约定,傍晚才到。司马立即将庄斩首。从此,齐军军纪严明,作战勇猛,将晋燕联军击败。

吴楚交战,越王勾践想突然猛冲吴军军阵,可吴军军阵整齐,不易冲破。此时,有人献一计。只见三百被释放的越国死囚,光着脊梁,将剑搁在自己的脖子上,走到吴军军前说:"我们越王得罪贵国,致使吴王兴师动众,我等愿替越王谢罪!"说完,纷纷割下自己的头颅。吴军震惊,乱哄哄过来观看。越军趁机发动进攻,大胜。

魏惠王派大将庞涓领兵围困赵都邯郸,齐国派田忌和孙膑率军前去救援。田忌准备直捣邯郸,孙膑劝说:"理清乱丝,不能硬拽;解劝打架,不能参与。现在魏军主力全在邯郸城下,都城大梁必定空虚。我们不如直接向大梁进军,魏军听说必定撤军追赶。这样,不但解了邯郸之围,我们也可以以逸待劳,在途中设下埋伏击败魏军。"田忌依计而行,果如所料。这就是"围魏救赵"之策,在复杂局势中迅速理清关键,一击即胜。

秦孝公派商鞅攻打魏国,魏大夫公子卬迎战。战前,商鞅给卬写了一封信,说为了两人以前的友情,也为了秦魏两国百姓,他愿意议和。卬信以为真,与商鞅会盟。谁知期间,商鞅将他捉住杀掉,然后派一个人扮成卬的样子,骗开城门,夺了城池。

凉州军阀董卓,刚进首都洛阳时,只带了两三千兵。怕压不住场子,董卓想了个办法:到晚上时派一支部队悄悄出城去,第二天再大张旗鼓地进城,号称增援部队。这场面,隔四五天就来一次,洛阳人都害怕了,说董卓怎么这么多兵,太厉害了。

精神鼓励的力量不可小觑。一次,曹操领兵急行军,天热,附近没有水源,士卒们又累又渴。此时,曹操用手一指前方说:"不远处有一片大梅林,赶到那,大家就可以尝到酸甜的梅子来解渴!"士卒一听,顿时口生津液,精神振作,继续前进。

南北朝时,西魏大将宇文泰与东魏侯景作战,宇文泰乘马被射中,摔倒在地。此时,东魏兵冲杀过来要捉宇文泰。属下李穆立即用马鞭鞭答宇文泰说:"你个没用的家伙,你的主将在哪? 留下你在这里!"追兵一瞧,放过宇文泰向前追去,李穆拉起宇文泰急忙上马逃走。

安史之乱时,大将李光弼与叛军史思明隔河对峙。史思明有一千多匹好战马,李光弼决定将它们引诱过来。李光弼命令士兵将三百匹正奶马驹的母马,与马驹分开,赶到河边。母马惦记马驹,叫个不停,河对岸史思明的公马一听,纷纷过河。这样,李光弼拥有了很多好的战马。

宋真宗时,驻防渭州的大将曹玮听到有士兵逃往西夏的报告后,若无其事,仿佛什么也没听到。士兵怕他没听清,又反复地说了几次。曹玮不耐烦地大声斥责说:"他们都是我派去的卧底,你这样闹闹叨叨,想干什么?"这话后来传到西夏,叛逃的士兵全部被杀死。

宋仁宗时,羌族明珠部首领凶残霸蛮,是边境最大的祸患。此人最喜欢击鼓,于是,守边将领种世衡,造了一面极其华丽的镶银战鼓,秘密派人将它售卖到明珠部。后种世衡又选了几百个能战的士兵,对他们说:"一看见有人身背镶银的战鼓,就立即将他拿下!"一天,明珠部落首领背鼓出行,被活捉。

北宋雄州北门居民甚多,所在的瓮城不能容纳。知州李允则于是准备将瓮城与主城合为一体,这样也有利于防备挨着的契丹。但当时宋与契丹已经签订和约,李怕引起事端。于是在北门外东岳祠举行祭典,沿途信徒纷纷献金,李故意放松警备,让盗贼将献金抢去。几日后,李放风说盗贼又要从北边进攻,下令立即筑城。契丹人毫不怀疑。

齐桓公死后,晋楚都想成为霸主,居两国之中的郑国是战略关键。一大夫向晋悼公献计说:"想征服郑国,必须打败楚国。现在我们应该把晋军分成三部,轮流出动挑逗楚国。楚国进攻,我们就撤退;楚国撤退,我们就进攻。这样,时间一久,楚军必然疲困,无力与我争锋。我们就可以长期控制郑国。"依计而行,果然。

吴楚之战,楚军战败,逃到河边收集船只,准备过河。吴军主帅想趁楚军未过河时,全部予以消灭。此时,吴王弟夫概制止说:"困兽犹斗,何况是人呢! 我们逼得太紧,楚军就会死命地与我们一战,那时,后果不堪设想。不如等他们渡过一半,我们再出击。这样,楚军过了河的庆幸自己活了下来,没过的,一定疯狂逃命,谁还有心思打仗。到时,我军必胜!"吴军后撤,等楚军刚渡一半时,出击,大胜。

齐国被燕军攻陷,田单坚守的孤城即墨也被团团围住,万分危急。此时,田单派间谍散布谣言说,齐军最怕燕军割掉俘虏的鼻子,以及将自己城外的祖坟毁掉。燕军一听,立即将齐军俘虏全部割掉鼻子,并将齐人的祖坟全部掘坟烧尸。齐军士兵得知后,个个悲愤难抑,求战心切。后齐军与燕军战,大胜。

田单向燕军诈降。约定投降日期的前一天,田单集中城中千余条牛,牛角上绑上锋利的刀,牛尾上系上浸饱油脂的苇束。等到天黑,放牛出城,点燃牛尾上的苇束。牛被惊吓,拖着火尾巴发疯似的冲向燕军。毫无防备的燕军顿时乱作一团,被尾随在后的齐军杀得大败。

项羽被围垓下时,一天晚上,四周突然传来幽怨凄怆的楚歌(其实是张良为刘邦献的计策)。项羽大惊,以为刘邦的汉军已将楚地全部占领。而将士们听见故乡小调,个个思家心切,纷纷出逃。项羽自己则以酒解愁,与宠妃虞姬悲歌唏嘘。第二天交战,项羽大败自杀。

汉王刘邦派遣大将韩信,出兵夺取关中。韩信大张旗鼓地派出几百士兵,去修复栈道。守卫关中西部的章邯一听,那么艰难的工程就几百人,不以为然。此时韩信统率大军暗中抄小路,突袭陈仓。章邯猝不及防,关中失守。

汉光武帝初期,大将耿弇率兵讨伐山东割据军阀张步。张步于临淄和西安两城驻扎重兵。耿弇发现:西安城小,但城墙坚固;临淄城大,但城墙破旧。于是他散布消息说,五天后攻打西安。但到了第五天清晨,却突然率军攻打临淄。临淄守军无准备,很快被攻下。而西安守将闻临淄被攻下,亦弃城而逃。

东汉安帝时,大臣虞诩率兵征讨羌人叛乱。途中,得知羌人准备半路截击。于是,虞诩下令军队每天成倍增加锅灶的数量。部下不解,询问原因,虞诩说:"兵不厌诈,羌人虽剽悍,但无心机。现在敌众我寡,我们增加锅灶的数量,他们就会认为我们的援兵越来越多,不敢追击!"果然,羌人见汉兵锅灶增多,以为援兵已来,放弃追击。

虞诩率军平羌人叛乱,进驻武都城。当时,虞有士兵三千,而羌人兵马一万多。虞命令一队士兵,从城东门出去,从城北门进来。进来后,换上不同颜色的衣服,再一次出城。这样,循环往复多次。羌人迷惑,遂撤走。

东汉灵帝时,零陵太守杨璇被一伙叛军包围,形势危急。杨下令制作几十辆马车,装上放满石灰的布袋,并在马尾系上一条布绳。与叛军作战时,杨令马车走在前面,士兵们使劲敲打车上的石灰袋,使其顺风飘入叛军军营。杨又令士兵点燃马尾布绳,马受惊,拼命奔向叛军。叛军顿时大乱,杨趁机率军猛攻叛军,大胜。

王莽当政时,于邯郸自立为帝的王朗,派兵攻打驻守蓟县的武将刘秀。刘秀领兵逃跑,在途中,他令士兵把鞋反穿。王朗军队一瞧刘秀军队脚印向东,就朝东追去,其实刘兵却在西边。就这样,刘秀及其士兵逃过一劫。

东汉末年,曹操派兵攻打占据徐州的刘备,刘备派张飞等迎击。一天,张飞喝得大醉,将一个士兵打得遍体鳞伤,并嚷嚷说晚上要去突袭曹营。士兵愤恨,跑到曹营告密。曹军于是在半路埋下伏兵,准备伏击张飞。张飞却分出两路兵攻打曹军伏兵,自己带兵断后,曹军大败,主将被俘。

东汉末年,曹操与马超战于渭河之滨。刚开始,马超攻势甚猛,曹操只有在渭河一边筑起一土城,方能抵抗住。可渭河边尽是沙土,难以成形。此时,正是冬季,天气寒冷。于是,曹操令将士一边堆土,一边浇水,连夜筑起一道冰墙。从此,战事开始有利于曹军。

荆州牧刘表死后,曹操占领荆州,并亲自带兵追杀依附刘表的刘备。中途,刘备先走,让张飞断后。张飞命士兵砍下一些树枝,系在马尾,在附近树林来回奔跑,一时间尘埃滚滚。张则一人立于桥上大喊:“我是张飞,有敢前来决战的,奉陪到底!"曹操知张飞勇猛,又见树林尘土飞扬,以为伏兵众多,便引兵退去。

　　赤壁之战期间,东吴都督周瑜与老将黄盖,因战与和的问题争吵起来。周大怒,先是要斩黄,经劝解,将黄杖责五十军棍,黄被打得皮开肉绽,鲜血横流,立即昏死过去。第二天,黄给曹操送去密信,说自己准备投降。曹派人一打听,得知黄被责罚之事,就答应了黄。某夜,黄乘船向曹水军大营而来,临到时,却点起火猛冲过来。顿时,曹营火光冲天。最终,曹大败而归。

　　刘备入川,派张飞攻打巴郡。某天半夜时分,张飞抄小路准备突袭巴郡城。他在前面带领部队。刚行至一半,巴郡太守严颜一声大喊,杀将出来。打了几个回合,严颜发现张飞又出现在自己的后面,一时发懵,被张飞擒拿。原来,走在前面的是"假张飞"。

　　蜀国丞相诸葛亮带兵讨伐南蛮叛乱,与其"藤甲兵"作战。藤甲兵,身穿用油炼制、黄蜡处理的藤甲,刀枪不入。一交战,蜀军败。后来,诸葛亮派勇将魏延将藤甲兵引入一山谷,然后堵住出口,下令伏兵释放"火箭",南蛮兵身上的藤甲见火就着,几万人尽死于谷底。

　　西晋愍帝时,羯族首领石勒率兵进犯蓟城。石勒派人对守将王浚说,只要愿意讲和,他立即携带大批牛羊到王府献礼。王浚欣然同意。石勒石赶着几千头牲畜进城,牛羊潮水般涌向蓟城的各个街巷,整个城市一下拥挤不堪。此时,石勒挥师进城,轻而易举占领蓟城。

　　东晋元帝时,豫州刺史祖逖部将韩潜,与羯族人桃豹交战。双方相持四十多天后,军粮都已快吃完。韩潜向祖逖请求后勤支援,祖也无粮,他让千余士兵在粮袋里装上土块,再叫几名士兵挑着几袋米,装作走累,在路旁歇息。此时,桃豹派兵来抢路旁晋军的粮袋,一看全是白米,就以为晋军军粮充足,悄悄撤兵。

东晋时,明帝着微服前去政变大将王敦军营探听虚实,被王手下追赶。逃跑途中,明帝遇一老妇,便将自己的七宝马鞭给了她说:"老人家可把此鞭交给后面追来的人!"不一会儿,追兵赶到,老妇将七宝鞭交给他们。士兵们传看了很久,等到再追赶明帝时,明帝已经远去。

东晋梓州,原蜀将上官进纠合散兵游勇三千余人,准备于夜晚攻打州城。太守冯瓒手下士兵只有三百多人。冯对士兵们说:"他们之所以乘夜攻城,就因为他们是乌合之众。一接近天明,他们肯定会退却!"于是,命令士兵早点敲响晨钟。果然,进兵一听,便撤退。冯率兵追击,活捉进。

东晋穆帝时,江逌随大将殷浩抵抗羌和丁零族的进攻。江先到敌营观察了一番,回来后,命令士兵捉来几百只鸡,在身上浇上油,用绳子串联起来。然后带到敌营前,点火。鸡受刺激,拼命奔向敌营。顿时,敌营一片火海。江趁机进攻,获得大胜。

有一次,晋朝镇守西部的名将马隆,与羌人作战。他命令士兵去挖磁铁石,放在一道险要山口的两旁。作战时,晋军假装败退,将羌人引入山口。身穿铁铠甲的羌人,立即被磁铁石吸住。晋军回马冲杀,羌人惨败。

北齐大将兰陵王高长恭,长相清秀俊美,每次作战,敌人都不惧他。后来,高特制一副面具,样子极其凶恶狰狞,高再作战时,戴上它,勇不可当。

南北朝时,南齐将鲁康祚进犯北魏,两军对峙于淮河。魏军长史认为,齐军肯定会夜间偷袭,并在淮河水浅的地方插火把以便渡河。他建议在水深处放上油灯,在齐军点火时一同点燃。其夜,齐军果然偷袭,魏军将油灯点着,齐军不分深浅,淹死无数。

南北朝时,宋文帝的部将宗悫与林邑王叛军作战。第一次作战时,林邑王赶着无数大象冲击宋军,宋军战败。第二次作战时,宗令人做了许多狮子模型,由士兵举着与象相撞。象一见狮子,掉头就跑,将林邑军队冲垮。

北魏时,南豫州常常遭到当地蛮族的袭击,刺史秦王元祯为此设下一计。一次,他让蛮族首领来参观射箭。期间,一阵狂风吹过,元对蛮族首领说:"风暴大作,依我看应该有贼人,他们就在城郊五十里左右的地方。"随即派兵捉拿到十几个身穿蛮衣的人,其实是元预先藏在那的死囚。元对蛮族首领说:"这不是你们的人吗?做贼就得立即处死!"将那些死囚杀死。当地蛮族认为元有法力,从此不敢作乱。

隋末,李渊派李靖攻打盘踞江陵的梁王萧铣。在江陵外围,李靖缴获梁军大量战船,下令将其丢弃,任其漂流。部下疑惑,李靖说:"我们孤军深入,江陵如果不能迅速攻下,梁援军一到,处境将非常危险。丢弃这些船只,让其顺流而下,梁援军肯定认为江陵已经被攻下,而迟缓进军。这样,我们就能为拿下江陵,争取更多的时间。"果不其然,梁援军中计,江陵很快被攻下。

安史之乱时,雍丘县令张巡被叛军围困两个月之久,弓箭用尽。于是,张令士兵做草人,罩上黑衣,用绳子拴住,夜里放下城墙。叛军以为张部出城偷袭,万箭齐发,张赚得数十万之箭。过了一段时间,张又派敢死队五百人,同样穿黑衣,缒城而下。叛军以为张故伎重演,毫不理会。结果,敢死队突入敌营,杀敌无数,并火烧敌营。

安史之乱时,张巡和叛军尹子奇作战,张的队伍一直冲到敌营不远处。

张想让神射手部将南霁云射杀尹,但不认识尹。此时,张让士兵用秸秆射向敌军。尹军一看,以为张没了箭,立即纷纷去向尹报告。南瞧准尹一射,中左眼。张军趁机进攻,差点活捉尹。

唐朝,吐蕃出兵侵犯蜀地,并胁迫云南王也出兵。云南王曾臣服于唐,但又害怕吐蕃,因此虽然派了兵,但持观望态度。蜀节度使韦皋得知后,就给云南王写了一封信,称赞云南王对唐王朝的忠诚,并设法让它落入吐蕃人手中。吐蕃王看信后,非常恼火,派兵扼守险要,阻止云南王的军队。云南王生气地撤回军队,吐蕃因此多次败于唐军。

唐德宗时,吐蕃大臣尚结赞忌惮大将马燧。于是,尚结赞将马燧被捕的儿子马弇释放,并对其说:"河曲一战后,春草尚未长成,我吐蕃的马匹正挨饿。如果那时你父亲发起进攻,我们就全活不成。全靠你父亲答应议和,我们才获得新生。所以,放你回去以报答你父亲的恩德!"德宗听说此事后,立即剥夺了马燧的军权。

唐末,卢龙节度使李可举令部将刘仁恭,攻下了河东节度使李克用部下王处存镇守的易州。后来,王处存挑选三千精兵,披上羊皮扮作羊,来到易州城下。刘仁恭的军队一见羊,纷纷下城来抢。等他们走近,王处存军队一跃而起,英勇厮杀,夺回易州。

唐末,庐州刺史杨行密奉命征讨宣州刺史秦彦的叛乱。杨行密将军营中所有的金银珍宝、布匹粮食,堆放在营寨中,四周安排伏兵。与叛军交战时,杨行密假装失败退到营寨,叛军士兵一见营寨中的好东西,纷纷丢掉兵器去抢。伏兵趁机跃起砍杀,叛军大败。

唐朝薛礼攻打辽东岩州城,因城池坚固、粮草如山,难以撼动。一天,薛礼让士兵捉来麻雀,关在笼子里饿,同时将城外所有的草垛烧毁。等到起风时,命令士兵将装有火药的小纸袋,系在雀脚上,然后放出。饥饿的麻雀飞到城里觅食时,挣断的纸捻纷纷落在粮仓、草垛上。此时,薛又命放出系着香火头的麻雀。顿时,岩州城一片火海,被攻下。

五代十国时,南方的吴越国和吴国交战。吴越国占据有利的方位,趁着刮风向吴军扬灰,在吴军不能睁开眼时,迅速逼近吴舰。靠近后,又向吴舰撒豆。吴军水兵站立不稳,纷纷跌倒。吴越军趁机放火焚烧吴舰,吴军全军覆灭。

五代十国时期,南汉水军大举进攻交州。交州守将吴权,命人在退潮时,将大批木桩钉在海湾入口。涨潮时,南汉水军纷纷开进海湾。吴派五十只小舟,将他们诓入木桩区域。待海水退潮后,南汉船只全部被木桩挡住,搁浅。吴权趁机出兵,获得大胜。

宋仁宗时,西夏侵犯渭州,行营总管任福等率兵抗击。任部在行进途中,发现有几个带泥的银盒,一打开,里面飞出一百多只鸽子,在宋军上空盘旋。西夏军由此得知宋军行踪,于是四面合围,将宋军彻底击垮。

北宋时,大将狄青率军前往广西平叛。到达时,正值元宵节,狄宴请当地文武官员。喝到一更天,狄借故离席,一直未归。可一天亮,却传来狄大破叛军的消息。原来,狄认为军中有奸细,就以设宴离席来麻痹敌人。由于突然,叛军被打了个措手不及。

宋徽宗时,蜀泸州蛮族起义,朝廷派赵遹前去平叛。蛮族占据高山峻岭,易守难攻。于是,赵令士兵将麻制成的火把,捆绑在猴背上。晚上,士兵偷偷将猴子凭借云梯送上蛮族营寨,然后点燃火把。蛮族营寨顿时一片火海。赵趁机率兵进攻,大败叛军。

南宋初年,金大将兀术率"拐子马"军南下攻宋。"拐子马",就是在马身上裹上铁甲,三匹马连在一起。宋军主将岳飞认为,战马裹铁甲,虽不易被杀伤,但行动也不便,而且马腿不能裹。三匹马连在一起,冲击力虽强,但只要一匹马倒下,其他两匹马就不能动弹。于是,岳令士兵作战时,上砍敌军,下砍马腿,金军大败。

南宋大将毕再遇与金军作战,寡不敌众,准备撤退。撤退时,毕令士兵将羊倒悬,让羊的前蹄抵在鼓面上。羊难受,便拼命地晃动两前腿,于是,鼓被敲得砰砰响。金军一听,不敢靠近,南宋军顺利撤退。

南宋时,将领毕再遇,与金军作战,先是采取游击战术,将金军累得筋疲力尽。到了晚上,毕令士兵将用香料煮好的黑豆撒向金军阵地。金军战马闻到香味,纷纷只顾吃豆,任凭金兵怎么鞭打,纹丝不动。毕趁机率军猛攻,大胜。

一次,元军残部与明军作战失败撤退,经过辽东盖州祚河。在此之前,明将叶望令士兵垒冰浇水,筑成一道数尺高、十余里长的冰墙,并在河滩挖陷阱,埋钉板,布置伏兵。待元军经过时,伏兵四起,杀声震天。元军想过河逃走,又被冰墙堵住。混乱中,纷纷掉入陷阱和钉板,死伤一片。最终,元军全军覆灭。

明时,抗倭名将戚继光在福建训练军队,同时也训练了一批猴子。某天,倭寇再次侵犯。戚一边将士兵埋伏在敌营周围,一边指令猴子抄着火器奔向敌营。倭寇以为是野猴子游戏,没在意。过一会,猴群在戚的号令下,纷纷打响火器,倭寇军营立即燃起大火。戚家军趁机进攻,将倭寇全歼。

　　明朝丁大用出征岭南，军粮不足，夺得敌人的稻子，用刀盔舂米。边地的老卒见了，觉得好笑，教他们一个方法：选择一块干净的地面，挖出一个个臼（舂米的器皿）一般的坑，然后点燃茅草，将坑烧的光滑坚固，再将稻谷放入其中舂。照此办法，军粮问题马上解决。

　　清雍正年间，奋威将军岳钟琪率兵于青海剿匪。走到崇山时，有一群野兽在狂奔，岳说："前面肯定有设关卡的土匪！"下令士兵围捕，果然捉到百余名。将士对于主帅的神机妙算，很是惊奇，岳说："这个地方如此荒凉，野兽们狂奔，肯定是有人在追逐它们。如今战火连天，只有匪徒才会来这！"众人叹服。

　　清雍正年间，大将军年羹尧进军西宁征讨青海叛军，险要关口被堵住，年决定走一条叫塌子沟的小路。塌子沟，沟阔数里，淤泥甚深，人易陷入。年查看一番后，令士兵每人携带一块木板、一把茅草，先铺茅草，后填木板。最终，清军顺利过沟，突袭叛军，获得大胜。

　　年羹尧平叛西藏，进军途中，某深夜忽听一股疾风吹来，迅即消失。年马上命士兵前往附近树林搜查。果然，数百叛军伏兵潜伏于树林，清军将他们全歼。过后，年说："那声响绝不是风，而是群鸟起飞扇动翅膀引起的。夜里鸟儿在树林安睡，必是有人惊动才会这样。"众将钦佩。

　　乾隆时，清军攻打大金川的叛军，急需大量粮食。但山高林密，车马不能进去。于是，负责督运粮草的刘秉恬买来一批羊，让士兵将粮食装进小布袋，然后放到羊背上运送。羊一边吃草，一边走，没过多久，将许多粮食运到山上。

　　清道光年间，林则徐奉命前往广州禁烟，与英军发生战争。某天，虎门海面浓云密布,英舰前来偷袭,发现到处漂浮着清军军帽。英军以为是清水军,用大炮轰击。可一阵炮火过后,无数只黄蜂嗡嗡地向英舰飞去,蜇得英军嗷嗷叫,连忙掉头逃走。原来,林事先让人在尿壶里装满黄蜂,封住壶口,罩上清军的军帽,放置在海面。英军一开火,尿壶破裂,黄峰纷纷飞了出来。

chapter4

跟着古人学说话

怎么把话说好听？这里头学问可大了。

#救人性命的劝诫之道#：北宋某年元宵夜，宋徽宗登上宣德楼，边赏灯边饮酒。散席时，一少妇偷走一只金杯，被捉住。少妇面临杀身之祸，危急时刻她吟道："月满蓬壶灿烂灯，与郎携手至端门。贪看鹤阵笙歌舞，不觉鸳鸯失却群。天渐晓，感皇恩，传宣赐酒饮杯巡。归家恐被翁姑责，窃取金杯作照凭。"（真怕回家迟了要被家里婆姑责怪，说我在外偷玩，所以拿了个杯子，回去作凭证，证明是皇帝设宴，因而不能及时回家。）徽宗听后，赐她金杯并释放。

转发（19555）评论（29456）

□×××：转发微博

□×××：转发微博

□潘金莲 V：早知道不开那扇窗户了，若是不开窗，就不会碰到西门庆，叔叔武松也不会因杀人而上梁山，方腊也不会被他擒住，大宋不会灭于金国，这样就不会有元明清，鸦片战争也不会发生，中国或许已经成为世界最发达国家。我不应该开那扇窗户啊！

□林黛玉 V：想来那也是极为苦的一件事。

□岳飞 V：靖康耻，犹未雪，臣子恨，何时灭？我冤哪！

□完颜兀术 V：大金最近推出一条旅游线路，与宋国前后两位皇帝同游五国城，欢迎报名！

□宋江 V：皇上英明啊！能活在在英主治下，吾等草寇愿意接受招安！

几年前成功学理论在国内备受推崇，里头第一关键因素，就是说话演讲。美国领导人演讲的视频近年来也在网络疯传，大家都觉得他们讲得好，很能激励人。可是说到说话的艺术，咱们中国的古人才是此道高手。古人生活在皇权治下，皇帝老儿轻轻一句话，某人的脑袋就要掉了，这样的高压环境下，会说话便成了保命技巧。请看古人那些#救人性命的劝诫之道#。

@ 话题一：救人性命的劝诫之道

齐国有居士田仲，隐居深山，不与尘俗。一天，宋国人屈谷见他说："先生，我有一葫芦，坚硬如石，皮厚无脸，想送给您，聊表敬意!"田仲说："你这葫芦再好，对我也没什么用处呀!"于是不收。屈谷说："可先生您隐居深山，于国于民毫无用处，这与我那无用的葫芦，有什么区别?"田仲于是出山。

乐羊子在外求学，妻子在家操持家务，侍奉婆婆。一日，邻居家的鸡误入乐家菜园，乐母将鸡逮住宰了吃。吃饭时，乐妻对着鸡肉哭道："都是做媳妇的无能，没钱给婆婆买点好吃的，致使家里有外人的肉!"婆婆一听，将肉倒掉，再也不干这种事了。

秦始皇时,有个矮小的伶人叫优旃。一次,秦始皇宴席,天降大雨,外面的侍卫冻得发抖。于是,优旃上前跟他们嘀咕了一下。一会,雨下得更大。优旃大喊:"侍卫们!"侍卫们齐声答:"是!"优旃又说:"你们长得高,却在雨中发抖。我虽矮小,却能站在屋里很好地休息! 你们不觉得耻辱吗?"始皇一听,赶紧让侍卫们避雨。

秦始皇想修一周长几百里的苑囿,用来养各类禽兽玩赏。伶人优旃由衷地赞叹说:"陛下! 您的主意太好了! 若有敌人攻来,您只要派它们去抵抗就行了!"秦始皇笑笑,于是打消了这个念头。

汉武帝说,相书里曾经说,人中一寸,年龄百岁。东方朔哈哈大笑,御史弹劾他大不敬。东方朔说:"我怎敢笑陛下。只是想起彭祖八百岁,那他的人中不得八寸,面长不得一丈多啊!"武帝大笑。

汉元帝的宠妃傅昭仪,生下一个儿子刘康,封山阳王。刘康有才艺,尤其是鼓打得好,每每都能听得元帝心旷神怡。元帝于是想废掉原太子,改立刘康。大臣劝诫说:"山阳王鼓艺确实好,但如果仅仅因为他有一项音乐特长,就立为太子,那社会上那么多乐器名家、演艺天才,岂不是都可以来当国家的丞相了!"汉元帝遂罢。

曹操在北方打败了强大的袁绍,天下震动,随即挟余威来打南方的孙权。孙权听闻后很紧张,大臣们多数主张投降称臣,极少数主张开战,孙权犹豫不定。鲁肃劝了一句话:"我们这些人,就算投降过去,曹操仍会给我们安排个官做;而您就不同了,您是江东之主,您要是投降过去,如何容身?"孙权一听,坚决开战。

桓玄本是东晋的名将,后来篡位,建立桓楚政权。登基那天,刚坐上皇帝宝座,宝座突然垮塌了。真是太不给面子了! 周围大臣全都大惊失色。大臣殷仲文脑子转得快,赶紧说:"皇上圣德深厚,大地都承受不住啊!"桓玄转怒为喜,高高兴兴地继续当皇帝。

南朝宋文帝于天泉池垂钓,大半天没钓上一条鱼,非常生气。此时,大臣王景文上前说:"用好丝做的钓线十分清洁,所以钓不到贪吃诱饵的鱼。"文帝转怒为喜。

南朝齐高帝萧道成,一次,与大臣王僧虔比试书法。写完后,高帝问王僧虔,他俩谁的字更胜一筹。王答自己第一。高帝变色,欲发怒。王说:"陛下皇帝中第一,臣大臣中第一。"高帝释然。

南朝梁武帝萧衍与兰陵人萧琛是老相识。一次两人闹着玩,武帝用枣投掷萧琛,萧琛便拿起栗子还掷武帝,正好打在武帝的脸上。武帝勃然大怒,说:"你怎么敢这样? 你忤逆犯上,还有什么话可说?"萧琛机灵,回道:"陛下用一颗赤心投臣,臣敢不用战栗来回报陛下吗?"

世间最亲近的关系莫过于夫妻之间,但妻子对丈夫说话,也是要有技巧的。魏征老惹唐太宗生气,一天下朝后,太宗怒气未消,说:"我一定要杀了这个乡巴佬!"皇后问要杀谁,太宗说:"当然是魏征了! 他总跟我过不去。"皇后听了也不劝阻,而是换了一身朝服、穿戴整齐来给太宗贺喜。太宗问喜从何来,皇后答:"我听说主明臣忠。魏征敢于直言诤谏,正是因为皇上您圣明呀! 我作为皇后,深感荣幸,所以特向您祝贺。"这一来,太宗怒气全消。

唐德宗时,宰相韩滉的奶妈为人求官,韩很生气,准备处死她。奶妈托人求情,都不管用。诗人顾况来见韩,韩说:"大家都知道我秉公守法,哪知道我家里的奶妈竟干出这种违法的事来,这还了得,必须杀一儆百!"顾点点头,说:"小孩子都知道您铁面无私,这事确实该治罪!您小时候读书、起床、睡觉、看病,需要奶妈;现在年纪大了,做了朝廷大官,奶妈也没什么用了,杀了也好。"韩一听,念起旧情来,就不追究了。

一年端午,朝廷大臣纷纷向唐代宗献上礼品,只有李泌一人未献。代宗询问原因,李答:"他们献给陛下的东西,都是取之于民。臣认为这对陛下不是什么好事。臣除了陛下赐给的衣食外,别无一物,而臣此身也早已许以陛下,臣还有什么好献的?"代宗笑着称是。

一次,优伶敬新磨见后唐庄宗,被庄宗养的狗所包围。敬大喊说:"陛下,不要纵容您的儿女咬人!"庄宗一听,引弓就要射杀敬。敬立即喊道:"陛下!不要啊!臣与您生死与共!陛下刚即位的年号不是'同光'吗?'同'通'铜',铜是磨光的。没了臣,陛下也就无光啦!"庄宗笑着放下弓箭。(后唐庄宗先祖为沙陀族胡人,忌讳谈"狗")

南唐烈祖时,百姓税赋沉重。某年大旱,烈祖李昇跟大臣说,是不是朝廷的监狱有冤屈。教坊令申渐高说:"陛下,这雨是怕抽税,所以迟迟不敢下!"烈祖大笑,下令免去一切苛捐杂税。

苏轼因文字狱被关了起来,宰相吴充对皇帝说:"您觉得曹操这人如何?"皇帝答:"不足挂齿。"吴充问:"陛下以尧、舜为榜样,瞧不上曹操是自然的,不过,曹操虽然猜忌多疑,却还容得下祢衡,陛下怎么就容不得苏轼呢?"皇帝于是很快释放了苏轼。

北宋时,宦官刘承规谨慎忠诚,受到皇帝的宠爱。病重临死时,请求皇帝封他一个节度使的名衔。皇帝对宰相王旦说:"承规要得到这个官衔才能瞑目。"王旦答:"陛下,将来有人要当宰相,你怎么办?"皇帝只好作罢。

宋太祖许诺封张融为司徒长史,可诏令一直未下。一日,张融骑一匹瘦马遇见太祖。太祖问马为什么这么瘦,一天喂多少粟米。张答:"臣许诺一石,但没有兑现！马能不瘦吗?"太祖醒悟,立即发诏任命张融为司徒长史。

嘉靖皇帝时,政治昏昧,海瑞上了一封措辞激烈的奏折,一条一条地大骂嘉靖皇帝有多么混蛋。奇怪的是,嘉靖皇帝居然没有因此杀了海瑞。原因据说是有一位大臣劝他:"海瑞自以为是忠臣,把陛下骂成桀纣一样的昏君,您如果杀了他,岂不正是成全了他的心愿,成就了他的忠臣美名吗?"嘉靖一听,这海瑞太可恶了,不能成全他,于是海瑞得以逃过一死。

明朝成化年间,大太监汪直权倾朝野。有个优伶阿丑,为皇帝演一出杂剧:阿丑作醉酒状,旁人喊"市长来了",阿丑毫不害怕,反而破口大骂;又喊"皇帝来了",阿丑仍不以为然;又喊"汪太监来了",阿丑一听,马上老老实实地站着,动也不敢动。旁人问:"皇帝来了你都不怕,怎么怕汪太监?"阿丑答:"我只知有汪太监,不知有皇帝。"皇帝一听明白了,不再宠信汪直。

清初,有一姓梁的官员,正被人检举中,恰好皇帝到河北正定大佛寺上香,梁某去接待,见机拍皇帝的马屁。皇帝生气地指着弥勒佛问:"佛见了朕为什么笑?"梁某答:"佛笑他遇见了佛。""那佛为什么见了你也笑?"梁某赶紧摘下官帽,跪下磕头说:"佛在笑奴才成不了佛。"皇帝听出梁某在认错求情,就饶过了他。

清朝末年,刘赶三在京城中是有名的丑角。戊戌变法后,慈禧垂帘听政,光绪在朝上也只是站在一旁,没有座位。一次演出的时候,刘赶三演皇帝,念台词说:"你看我是假皇帝,还能坐着,而你是真皇帝,却整天站立着,何时坐过呢?"慈禧一听,以后就允许光绪上朝的时候坐着了。

　　周武王灭商,召见商一长者问商灭亡的缘由。长者说明天中午见,到时告之答案。可到了约定时间,长者却没来,武王很困惑。周公旦说:"他约而不来、言而无信,是告诉大王这就是商朝灭亡的原因!"

　　春秋时,吴王准备伐楚,大臣反对却不知如何劝阻,这时王宫中一青年侍卫官来见吴王,劝诫说:"大王,您园中有只蝉正叫得欢时,却忘记有只螳螂正藏在它的身后。可螳螂也没想到,有只黄雀正用眼睛盯着它。大王,它们都只看到自己的眼前利益,而忘记身后的危害,这多危险啊!"吴王笑笑,不再出兵。这就是"螳螂捕蝉,黄雀在后"的典故。

　　晏子是春秋时有名的矮个子宰相。有人被安排为晏子驾车,也即领导的司机,车夫因此觉得倍有面子,得意骄横之情,溢于言表。妻子说:"你看晏子,不过六尺,却能做到国相这个位子,深受齐国百姓的拥戴,是多么了不起。可他谦虚稳重,一点没有骄傲自满的神情。可你身高八尺,才做了国相的车夫就趾高气扬。我为你感到羞耻!"车夫听了很惭愧,改去不良习气,后来被晏子推举做了官。

　　齐相邹忌长相不如城北徐公,可妻妾、客人都说他比徐公美。后邹忌入朝对齐威王说:"臣明明不如徐公长相好,可妻子维护我说我好,妾怕我说我好,客人有求于我说我好。像大王这样的一国之君,如果不虚心纳谏,还能听到一句真心话吗?"威王觉得有道理,就悬赏征求大家的批评,后来燕、赵、韩、魏等国听说了这件事,都到齐国来朝见齐王。这就是所谓在朝上战胜别国。

　　有两个厨师犯了一点小过,齐景公命令抓起来,准备砍头。不久齐景公捉到一只鸟,突然同情心大发,放飞了。国相晏子说:"大王! 您这是在做圣人之事啊! 对于一只鸟都这么仁爱,那您对老百姓肯定会更加怜惜!"景公一听，连忙释放关押的厨师，并说："我要做个好君主！"

齐景公爱一棵槐树，一人误伤此树，景公要将他处死。误伤者的幼女来到国相晏子处哭诉说："国君要杀我父亲，我觉得这有害于国家的法令，也有害于大王的威望！别国会说，齐国把树看得比人重！"晏子点头，进宫劝景公释放了那人。

齐宣王处死叛臣邾石父，以株连惯例，欲诛灭其宗族，邾宗族向宠臣艾子求救。艾子对宣王说："臣知道大王也是依法办事。可以前大王母弟公子巫向秦国投降，犯大罪，依法株连，大王是不是也应该自裁？今臣已经准备好了三尺短绳，请大王伏先王之法！"宣王笑着答应不加罪邾家。

郑国大臣子皮因喜爱年轻人尹何，就想让他当自己封邑的长官。国相子产不同意，他说："阁下如果喜欢他，就应该对他更加负责。把管理一个地方的任务，交给一个没有经验的年轻人，就同把一块好锦，让一个不懂裁衣的人去裁剪。好锦浪费了，人们都得心痛，管理百姓的大事坏了，可比这严重得多！"子皮闻言放弃。

楚庄王莅政之年，沉湎酒色，不理政事。一天，大夫申无畏说："楚国一座山上，有只大鸟，身披五色，很是荣耀。可一停三年，不飞不叫，没人知道这是什么鸟。"庄王一听，笑道："这可不是一只凡鸟！它三年不飞，一飞冲天；三年不鸣，一鸣惊人。你就等着看吧！"从此，庄王励精图治，成为"五霸"之一。

齐威王莅政三年，九年不理朝政。某天，召邹忌弹琴娱乐，邹只是一味谈乐理不弹奏。威王说："先生的乐理很是深刻，可您能不能为我弹一句？"邹说："臣高谈理论不弹奏，大王就觉得不甚满意；那大王抚着齐国这张大琴,九年未弹一曲,齐国百姓更不乐意!"威王一听,拜邹为相,励精图治。

　　齐国隐士颜斶,一次面见齐宣王,对宣王的傲慢很不满。他说:"以前秦军经过名士柳下惠坟墓时,下令:有敢在五十步内,毁坏一草一木者,斩!而进入齐国后,却下令,有谁砍下齐王头颅,赏千金,封'万户侯'。大王,您说是国君高贵还是文士高贵?"宣王哑然。

　　晋文公率军攻打卫国。中途,公子锄突然仰面大笑。文公问原因,锄说:"我有个邻居,送娘子回家,路上遇到了一名采桑女,很漂亮,他便微笑着和她搭话。可回头一看,却见有人在向自己的妻子招手。一想起这件事,我就忍不住想笑!"文公一听明白锄的意思,立即班师回国。还未到都城,就传来晋国北疆正遭受侵略的消息。

　　楚国才子宋玉,文采风流,人品儒雅。大夫登徒子说他好色。于是,襄王召宋质询。宋说:"臣隔壁的姑娘,是全天下最美丽的。可她暗恋了我三年,我还没有接受她的爱。而那位说我好色的登徒子,他妻子长相丑陋,还有满身的癞痢和疮,可他已经与妻子生了五个孩子。大王,您看到底是谁好色?"襄王觉得有理。

　　一次,楚襄王对才子宋玉说,很多人对他有意见。宋说:"大王,都城中心,有个人演唱。当他唱《下里》《巴人》时,几千观众一起应和。可当他唱《阳春》《白雪》时,不过几十人。再等他唱更高雅的曲子时,跟唱的只有几人。可见格调越高雅,和者越少。"宋是在说自己品格高迈,一般人不能理解。楚王点头。

　　战国时,秦相吕不韦派张唐去燕国为相,张唐不愿。此时,十二岁的甘罗对他说:"张先生,您的功劳比得上白起将军吗? 白起当年不听国相范雎的话，范雎不是设计害死他了吗？如今吕之权力，可比范大，您不答应，就很难说将来会死在什么地方！"张立即答应去。

秦末，张耳与陈馀辅佐赵王攻燕，赵王被俘虏。燕要拿赵一半土地才放人，张陈很是着急。此时，一伙夫毛遂自荐，前往燕军大营游说。伙夫对燕军将领说："张陈两位都是很有能力的人，都有野心自立为王。现在你们将赵王囚禁，表面上他们一再要求释放，其实是想你们将赵王杀掉，他们好将赵国一分为二称王，过后再以报仇雪恨的名义，合力灭了燕国！到时，悔之晚矣！"燕军立即将赵王放归。

张仪"离秦"入魏，当了魏国国相。齐王听说，派兵攻打魏都大梁。张立即派心腹冯喜，扮成楚国人对齐王说："我从咸阳那边过来，听说张仪离开秦国是个计谋。秦国知道张仪到魏国后，大王一定会派兵攻打魏国。而秦国就可乘这个机会攻打韩国，并夺取周天子的地位。如今大王您去攻打魏国，不是正好中了秦国的计吗？"齐王退兵。

秦国将军甘茂因罪逃奔齐国。途中，遇见齐使者苏代（苏秦族弟）。甘先给苏讲故事："每晚一群姑娘在一起做女红，其中有一位贫寒买不起灯烛，大家嫌弃，拒绝她参加。此时，贫寒姑娘说，虽然自己买不起灯烛，但她早点来，把房间打扫干净，让大家有个舒适的环境，而她借一点光，大家不是两全其美吗？姑娘们一听有理，将她留下。"讲完故事，甘接着说："我现在离开秦国，准备到齐国去，愿意做些打扫房间的活，你们不会拒绝吧？"回国后，甘被苏推荐为"上卿"。

战国时，齐王派使者出使赵国。赵威后（赵太后，惠文王之妻）先询问了齐国的收成和百姓，然后才问候齐王。这让齐国使者很不高兴，他指责威后失礼。威后说："尊敬的使者！贵国如果收成不好，百姓能过上好日子吗？

如果没有百姓,哪有国王! 难道您要我舍本而问末吗?"使者无语。

卫嗣君刚即位时,有罪犯逃到魏国,受到魏王任用。卫嗣君多次请求用百金换回囚犯,遭到拒绝。于是,准备用左氏城去换。大臣纷纷劝谏。卫嗣君说:"国家不在大小,而在法治。法治严格,百姓守法,就算一个三百家的小国,也可以自立。虽然我们失去了一座城池,但对于法治的信用来说,这算不了什么! 可如果法治不行,有罪不究,国家再大又有什么用?"魏王听说后,将囚犯送还卫国。

唐初李勣当宰相时,有人参加吏部考试落选了,来找李帮忙,李让他第二天早上再来。第二天该人来时,吏部部长们都在,李就皱着眉头对该人说:"你这个人呀,平时没事时,不去部长、副部长的家里多跑跑,现在有事了,却来找我这个不识字的老头子,我哪能帮得上你呢? 难怪你要落选。"吏部官员们一听,宰相怪我们办事不公正呢,便赶紧给这人安排了一个官职。

宋太祖赵匡胤本是后周皇帝的亲信,通过兵变,做上皇帝。后周世宗的一个儿子熙谨,这时还抱在奶妈怀里。怎么处理这小子,太祖问大家的意见,赵普等都说要"去之",斩草宜除根,只有潘美不说话。太祖再问,潘美说:"我们大家都曾是世宗的部下,我要是劝陛下杀之,便是有负世宗;劝陛下不杀,陛下就会疑心于我。"太祖觉得潘美说得有理,于是把熙谨送给潘美做侄子,以后再不提起。

宋真宗很不喜欢一位大臣,一提起来就怒火冲天,曾为此三番五次向宰相丁谓发牢骚,丁每回听着,都不吭声。真宗忍不住了,问:"我都愤怒这么久了,你怎么也不说句话?"丁答:"陛下雷霆怒火之下,我要再添一句话,这人岂不就要粉身碎骨了!"真宗闻之有理,便作罢。

北宋时,交趾国进贡一怪兽,说是**麒麟**。大臣司马光说:"**麒麟**是传说中的神兽,大家谁也没见过。如果是真的,不是上天赐予的,算不得吉祥之物;如果是假的,恐怕会被小国所取笑。不如厚赏使者,让他带回国。"皇帝同意。

北宋名臣寇准,与同僚张咏为至交。一日,在成都为官的张咏,听说寇准要当宰相,就说了一句:"寇公奇才,可惜不学无术。"后寇询问张缘由,张让寇阅读《汉书·霍光传》。寇翻书大悟,书中主要是指霍光不读书,因而不明关乎大局的道理。寇知道朋友是在指出自己的缺点。

宋徽宗时,听从宰相蔡京的建议,铸造一种一个顶十个小钱的大钱。一次,宫里的优伶据此,排演了一出小杂剧:一卖浆子的挑担上场,吆喝:"热乎的浆子,一文钱一碗嘞……"一人上场要了一碗,喝完给卖浆子的一大钱,小贩找不开。于是,那位顾客只好又喝了七八碗。顾客摸着圆滚滚的肚子说:"要是相公一个大钱顶一百个,我看我是活不成了!"徽宗看后,觉得有理,就废除大钱。

宋高宗赏赐秦桧大量财物,秦很高兴,将教坊部的优伶叫来演戏庆祝。戏中,某甲不慎把幞头乌纱帽掉落在地,露出一个大发髻,后面挂有两个大巾环。某乙问他是什么环,某甲回答是"二胜环"(二圣还)。某乙立即用棍子敲打某甲说:"你就晓得坐太师椅,白享受皇帝给你的俸禄!这二胜环还是放到脑后去的好!"秦桧脸色大变。(二圣,指被金人俘虏的宋徽宗、宋钦宗。)

南宋高宗时,有一次,御厨没将馄饨煮熟,高宗将他下到大理寺审讯。后来,高宗去看戏。甲乙两优伶扮成书生走上台来,甲问乙贵庚,乙答甲子年生;乙问甲,甲答丙子年生。此时,又有一人上台来,严厉地说两人都应该下到大理寺。甲乙大呼冤枉，那人说："饺（甲）子生，饼（丙）子生，都没熟，跟馄饨没熟犯了同样的罪！"高宗大笑，将御厨释放。

民间一老秀才被朱元璋请进宫，教导太子。某次，老秀才责罚太子，被朱元璋关进大牢。但在马皇后的劝解下，老秀才被释放。谢恩时，老秀才写一联呈上。朱一看："明王明不明，贤后贤非贤。"朱勃然大怒，要将老秀才拉下去问斩。老秀才立即朗诵道："明王明不？明！贤后贤非？贤！"朱由怒入喜。

明武宗时，宠臣江彬等收受秦王贿赂，替他请求加封陕西边地。武宗令内阁拟旨，阁臣不敢抗旨，又害怕以后出问题，纷纷称病不上班。只有梁储草诏道："太祖以前之所以禁止将这带土地赏赐给藩王，就是怕藩王得到这水草丰美的土地后，养马招士，然后在奸人的蛊惑下，做起不法之事。所以，希望秦王得到后，能守祖宗法。不然，皇上也只有大义灭亲。秦王一定要慎行！"武宗一看，立即收回成命。梁储这招"以退为进"，使得好。

元军攻占南宋京都杭州，汉降臣范文虎，将一位流落街头的男优拉去为元军表演。男优讲起一件趣事：某地有座寺庙，小和尚好久没去钟楼敲钟，老和尚就问缘由。小和尚回答楼上有神，他不敢去。老和尚上楼一看，真有位神仙跪在地上求神，而且自称是"钟神"。老和尚就问："老神仙既然是钟神，那为何还跪拜他人呢？"元军大笑。钟神谐音"忠臣"，男优在讽刺范卖国求荣。

清末，慈禧命一文人为自己题扇面，内容是唐代诗人王之涣的诗："黄河远上白云间，一片孤城万仞山。羌笛何须怨杨柳，春风不度玉门关。"可文人疏忽，漏"间"字。慈禧认为这是在欺自己没文化，喝令将文人推出斩首。文人急忙说："老佛爷息怒！我是借这首诗写的词。您听我念：黄河远上，白云一片，孤城万仞山。羌笛何须怨？杨柳春风，不度玉门关。"慈禧息怒。

文人一般讲究"骂人不带脏字"，所以在骂人嘲讽之时，多用拐弯抹角、隔山打牛的招数，既逞了口舌之快，又保持了文人高洁。看到这样的典故，今人常常会为古人伶俐口舌而绝倒。本期话题：≠嬉笑怒骂的对答之妙≠。

@ 话题二：嬉笑怒骂的对答之妙

春秋时，鲁国大夫孟武伯言而无信，鲁哀公对他意见很大。有一次，哀公举行宴会，孟武伯嘲笑宠臣郭重说："你吃了什么东西,长这么肥胖啊?"哀公极其厌恶，接过话茬说："食言多也,能不肥吗?"孟无语。

东汉末年，李昊、张安毕被军阀董卓抓了,扔进大锅里,准备煮死。临死前，两人还幽默了一把，说了句："没想到我们不是同一天生,倒是同一天烹了。"

三国时期的曹魏,钟毓、钟会兄弟聪明过人,十二三岁时就名闻朝廷。

一日,魏文帝召见两兄弟。钟毓跑得满头大汗,钟会却滴汗未出。文帝询问原因。钟毓答:"我不知道犯何罪,所以忐忑不安,汗出如浆!"钟会答:"我也不晓得出了何事,所以战战兢兢,汗不敢出!"文帝大笑。

魏晋时,发生了一起儿子杀母事件,阮籍评论说:"儿子杀了父亲还差不多,怎么可以杀死母亲呢!"旁人听了,还是很愤怒:儿子怎么可以杀父亲呢?阮籍徐徐解释说:"禽兽只知母亲,不知父亲,所以儿子杀死父亲的,是跟禽兽一样;而儿子杀死母亲的,则禽兽不如。"

东晋时,有人请中军殷浩解梦:为什么要得到官职时,会梦见棺材;要得到财宝时,会梦见粪便。殷答:"官职污秽臭腐,所以会梦见棺材;钱财如粪便,能不梦见么!"

东晋桓温伐蜀,诸葛亮当政时期的小史官还在。桓温问他:"诸葛公有什么过人之处吗?"史官答:"没什么过人之处。"桓有点志得意满的神情。史官接着又说:"可自从诸葛公仙逝后,我还从来没见过他那么妥当的人!"桓变色。

姚苌以前是前秦帝国的臣子,后来掉转枪头灭了前秦,当上皇帝后,他问群臣:"以前我们都是给前秦打工,如今我做天子了,你们又来给我打工,你们不感到耻辱吗?"群臣沉默,突然有人说了一句:"天都不以陛下做儿子为耻辱,我们为啥要为此感到耻辱呢?"古以君权为神所授,故称帝王为天子。

北齐高祖的姐夫尉景,贪污腐败,高祖派优伶石动筒前去劝阻。石一见尉,就上前剥尉的衣服。尉责问,石说:"你能盘剥百姓,我为什么不能剥你?"

隋朝三藏法师,骄傲自满。一次,被一十二三岁的少年难住。此时,三藏说:"谁家孩子,嗓门高身高小,怎么不拿'声'来补'身'?"少年回击说:"大法师,您眼窝深鼻子长,怎么不割下鼻子补眼睛?"法师语塞。

唐高宗打算废掉王皇后,立武则天,但一时找不到理由。大臣许敬宗给出了一个理由:"乡下农民多打了两斗谷子,心里还想着换个老婆呢,何况是富有四海的皇帝? 废得废得。"

狄仁杰做了宰相后,去姨家走亲戚,跟表兄弟说:"我现在是宰相了,你有什么要帮忙的,尽管跟我说。"姨妈回答:"我就这么一个儿子,不想让他去侍候一个女人!"当时武则天称女皇,所以说是侍候女人。

有一次,唐文宗观赏斗鸡,有个优伶在旁边极力夸赞某只斗鸡又大又好。文宗说:"既然你觉得这么好,朕就赏赐给你!"

唐朝时孔纬刚当上宰相,皇家乐团的艺人就都登门去祝贺,讨赏钱。有个艺人叫石野猪的到了,孔纬给了他一个红包,然后说:"家里不宽裕,给得不多,你别介意,另外,一会儿你见到其他野猪时,可千万别说我赏赐过你。"

唐昭宗对宰相孔纬说:"你是我的贤臣啊!"孔纬答:"我要真贤明的话,还会在您的朝廷里做官吗?"不久就称病辞职。(唐昭宗在位十六载间,一直是藩镇手中的傀儡。死后,唐哀帝继位,不久,唐朝灭亡。)

五代十国时,南唐金陵清凉寺,主持法眼禅师向众僧问道:"虎的脖子上系着一个铃铛,有谁能把他解下来?"众人正困惑,忽然高僧法灯赶到说:"系铃的人能将他解下。"法眼微笑点头。

北宋对南唐动兵前夕,南唐后主李煜派徐铉出使北宋求和。徐铉见到宋太祖,说:"唐和宋关系这么好,亲如父子,您何必非要攻打我们呢?"宋太祖回答:"你见过父子分开两处吃饭的吗?"徐无语了。

北宋大文豪苏轼,以前跟章惇是很好的朋友,后来政见不同,两人反目,章惇做了宰相后,把苏轼贬到今广东惠州。几年后,旧党得势,苏轼被召回京城,官复原职。有人见到苏轼,问:"传言说您已经仙逝,怎么至今还在人间?"苏轼答:"因为去黄泉的路上遇到章惇,就又回来了。"原来,当时章惇被罢相,也贬到广东去了。

有个人拿了自己写的诗,去请教苏轼。苏轼请他朗诵。他朗诵完后,问苏:"您觉得我这诗怎么样,够分量吧?"苏答:"有十分分量。"此人听了直高兴,苏又接着说:"十分分量,诗占三分,朗诵占七分。"

北宋名将狄青,以前犯罪,脸上被刺字。狄青发达后,皇帝劝他将脸上的字除去,狄说:"留下来鼓励将士!"

宋代称皇帝为官家,大家都不知道这称呼是怎么来的,宋真宗向大臣李仲容询问,李也不知道,急中生智,回答说:"前人有言:三皇官天下,五帝家天下。我们大宋皇帝兼有三皇五帝之美德,所以合称官家。"

宋真宗有一回问群臣:"唐朝时每升酒要卖多少钱?"这么专业的问题,没人答得出来。一会儿丁谓举手说:"我知道,唐朝诗人杜甫有一句诗:速来相就饮一斗,恰有三百青铜钱。三百钱买一斗酒,每升就是三十钱。"大家一听,都觉得有道理。

南宋时,宰相韩侂胄当权,凡事作威作福,国家大政都由他做主。有一次皇宫会宴，伶人演戏，戏中一人卖油纸伞，旁人说："如今的政治就好比这把伞，不油（由）里面。"油纸伞只油外面，可以避雨，所以说"不油里面"，喻指不由皇帝。

明太祖朱元璋到太学视察，厨子进献的茶很合朱元璋口味，于是，厨子被任命为官员。一位年老的太学生听说后，感慨万分，写诗道："十年寒窗下，何如一盏茶。"面对这种责备，朱元璋回了两句："他才不如你，你命不如他。"

有一年，明朝江苏如皋县发生蝗灾，波及邻县泰兴。泰兴知县来信责备，并要求如皋派人去负责灭蝗。如皋知县钱穆甫回信说："蝗虫本是天灾，绝非本县不才。既是敝县飞去，却请贵县押来。"泰兴知县无语。

明朝时，山阴知县高某，贪污腐败。但因善于逢迎，被升为宁波知府。临走前，秀才徐渭也送来一匾，上写："青天高一尺"。徐的朋友责备徐无骨气，拍贪官的马屁。徐说："姓高的，在山阴县做了多少榨取民脂民膏、刮地皮的事，地皮给他刮低了，青天能不高上一尺吗？"

明朝时，国子监祭酒（国立大学校长）陆树声因病退休，大臣唐顺之苦于倭战，也想退休而不能，向陆诉苦。陆回答："我好比家庭老师，生病了，主人巴不得打发我回家；您好比良医，主人病还没治好，怎么舍得让您走！"

清时制度，翰林院中不管大小，资格较高者，皆称之为"老先生"。道光年间，一姓乌的京官任职浙江，某年轻的翰林前来送别。乌对年轻翰林说："鼠无大小皆称老。"年轻翰林应道："龟有雌雄总姓乌。"

清末，山东一画师，给慈禧绘制一幅画：洋人列着长队，前面一个小孩，手托一个鲜红的大桃，向洋人敬献。文武百官齐声叫好，说仙童献桃，万国来朝。慈禧说："你们是真糊涂还是假糊涂！这分明是在骂我临阵脱（托）逃（桃）嘛！"于是，下令缉拿画师，可画师已连夜逃走。

清朝张映玑，为人随和，爱开玩笑，某年做盐务官时，路上有妇女拿着一张状纸，哭着说请大人做主。张问怎么回事，妇女说："我丈夫新娶了个小老婆，小老婆欺负大老婆，还请大人惩处她。"张笑着说："大嫂，我只管吃盐的事，可不管吃醋的事。"

乾隆、嘉庆时期的大臣王杰，是清朝时陕西出的第一名状元。王杰后来做了大官，跟和珅是对头。一次和珅抓着王杰的手说："状元宰相的手，就是长得好啊！"王杰冷冷答道："我手虽然长得好，就是不会问人要钱！"

张之洞与曾国藩、李鸿章、左宗棠并称"晚清四大名臣"，张之洞，热衷于洋务，爱搞些新鲜事物。幕僚们私下议论张的特点，有一人说："依我看，张大人堪称一部习惯作风大全。"众人不解，此人继续解释说："张大人身上有书生作风、名士作风、公子作风、官场作风、滑头作风，还有接受新鲜事物的作风。这么多的作风，还不够编一本作风大全吗？"众人点头称是。

清末张曜，本是一个小武将，因为作战勇敢，娶了县令的女儿为妻。后来张曜做到山东巡抚，有一次和下属官员聊天，张不停夸赞老婆的能干，又问："你们怕老婆吗？"有人回答："不怕。"张曜严肃地说："你好大胆，连老婆都敢不怕！"

清朝学者毕沅，在陕西当巡抚时，某日到一寺庙，和主持老和尚聊天。毕沅问："你诵读过经书吗？"答："诵读过"。毕又问："那你说说，一部《法华经》里，有多少个'阿弥陀佛'？"老和尚回答："老衲愚笨，不知道。大人您是状元，又是陕西巡抚，想问下，你知道四书里面，有多少个'子曰'吗?"毕哑口无言。

齐国学者田骈提倡不做官，在下层为民服务，后来却享受官府的厚禄。有人讽刺他说："先生，我邻居有个女儿，说是不嫁，但在娘家不到三十，生了七个孩子。这不是口是心非吗? 如今先生您说不做官，在底层为百姓效劳，可您俸禄万石，奴仆成群，这不比当官的更厉害吗?"田闻言羞愧不已，立即逃开。

晏子出使吴国，吴王想捉弄晏子一番。进见时，礼宾官喊："齐相晏子觐见天子!"礼宾官连喊三声，晏子纹丝未动。一会，晏子问礼宾官："我是出使吴国啊! 怎么到了天子的朝廷! 我看是我糊涂走错了地方，请问吴国怎么走?"吴王只好相见。

杨朱是古代著名的哲学家，他有个弟弟叫杨布。小时候，杨布出去玩，天下雨，脱下外面的白衣，只穿里面的黑衣回家。看门狗以为是陌生人，围着布乱叫。杨布恼怒，要打狗。哥哥杨朱连忙出来劝说："别打! 别打! 怎么能怪狗呢! 假如狗出去时，一身白毛，回来时一身黑毛，你能一下子认出吗?"杨布无语。

汉武帝于上林苑游玩，见一树，问东方朔是什么树。朔答"善哉"。武帝暗中派人将树枝砍掉，过了一段时间又问朔，朔答"瞿所"。武帝责问为什么前后不一致。朔答："大的马叫马，小的叫驹。大的鸡叫鸡，小的叫雏。大的牛叫牛，小的叫犊。世间万物，随着自己的生长衰败，而不停更换名称，哪有什么固定的?"武帝大笑。

三国曹魏时，曹丕当皇帝后，令弟弟曹植七步成诗，不然就要加以杀害。

曹植应声而出:"煮豆燃豆萁,豆在釜中泣。本是同根生,相煎何太急!"曹丕听后很是惭愧、伤感,将弟弟释放。

　　三国时期,魏国的魏光禄大夫常林七岁时,一日在家门前玩耍。一客人问他:"常伯先(常林之父)在家吗?"常没理。客人责备他无礼。常说:"按礼节我是应该答你,拜你。但你当我的面直呼我父亲的名字,太没礼貌! 这样,你能怪我吗?"客人羞愧。

　　三国时,吴臣张温出使蜀国,想考考蜀中才子秦宓的才学。张温问:"天有头吗?"秦宓答:"有! 乃眷西顾。"张问:"天有耳吗?"秦答:"有! 鹤鸣于九皋,声闻于天。"张问:"天有足吗?"秦答:"有! 天步维艰。"张最后问:"天有姓吗?"秦答:"有! 姓刘。"张无语。(蜀国为刘备建立,所以说天是姓刘。)

　　晋朝人刘道真,为躲避战乱,以拉纤为生。有个女人,以在河边摇橹为生。刘道真嘲笑她:"女人不回家织布种菜,在河边摇橹做什么!"女人答:"大丈夫不打仗封侯,在河边拉船算什么?"

　　隋朝读书人侯白,有一次谒见县令,跟差役打赌,说他能让县令学狗叫。见到县令,侯说他家有一群叫起来"呦呦呦"的好狗,他可以献出来给县令。县令连忙说:"侯君,您说错了。好的狗叫起来是'号号号'。你家狗那样叫,不是好狗!"一旁差役偷笑,后认输。

　　隋朝腊月的一天,重臣杨素故意逗一人说他家里有人被蛇咬,该如何治疗。那人回答,取五月五日墙下雪敷于伤口处。杨说:"夏天何来雪?"那人反问:"寒冬腊月何来被蛇咬?"杨大笑。

　　唐文成公主貌美而聪明,许多外族王子都想娶她。她提出一个条件:谁能提出问题难住她,她就嫁给谁。吐蕃松赞干布问:"请问公主殿下,我应该提什么样的问题,才能使您成为我的夫人呢?"公主哑然,只好答应嫁给松赞干布。

　　唐朝人路严,长相俊美,是著名的帅哥。他在成都做长官时,政务都交给属下处理,自己天天带着美女,在江边吃吃喝喝、唱唱乐乐。每次路帅哥出现,成都的老百姓们,男男女女都来围观,热闹非凡。路严又会打扮穿戴,引领着四川的时尚,同时也是爱美爱俏的象征。比如街坊间有谁穿着体面、稍事打扮的,别人就会打趣他:"你以为你是路大人啊?"有一次,路严经过一家猪肉铺,听到一个顾客在对杀猪的说:"呀,这头猪模样长得真端正,比路大人还好看!"

　　苏东坡因诗获罪,仍然不改,又写了一首新词,其中说:"望长桥上,灯火闹,使君还。"太守听说了,跑来警告:"苏学士名满天下,每作新词,京师便传,万一弄出些什么事故来,多不好。从法律来讲,宵夜过长桥,在本州是要判徒刑两年的,何况您知法犯法。"苏答:"我一生中开口便是罪过,哪一次要判起来,都没有在徒刑两年以下的。"

　　北宋诗人王祈,写了一首诗,号称平生得意之作,念给苏东坡听:"叶垂千口剑,干耸万条枪。"苏东坡听了,忍俊不禁说:"诗是好诗,就是十条竹竿共一片叶儿,少了点!"(诗中写叶千片、竿万条,竿是叶的十倍,太悖于常识。)

　　苏东坡侍女朝云,才思不群。一日,苏与朋友聚会,他指着自己的肚子说:"诸君,我这里有什么东西?"朋友们纷纷说是千古文章。朝云却说:"依奴婢看,相公是一肚子的不合时宜!"苏大笑。

北宋书生孙山，与邻家子至东京应试。发榜那天，孙在最后一名，而邻家孩子没有考取。孙先回乡，邻家询问时，孙答："解名尽处是孙山，贤郎更在孙山外。"后世便一直以"名落孙山"形容考试落榜。

北宋时，有人送王安石一獐一鹿，问五安石五岁的儿子王元泽，哪只是獐，哪知是鹿。元泽答："小獐旁边是小鹿，小鹿旁边是小獐。"旁人称奇。

明朝宰相严讷，苏南人，脸上有麻子；宰相高拱，河南人，做文章时常先在腹中起稿。俚语讥讽苏南人说："盐豆儿。"讥讽河南人说："驴。"二公相遇，高拱笑严讷："公豆在面上。"严讷即应声曰："公草在腹中。"一时引为笑谈。

明朝太监刘瑾当权时，一人名叫费宏，官居侍郎，他有个哥哥官居太常少卿。一次，朝廷举行宴会，官职高的费宏让自己的哥哥，坐在自己的上位，而不按官场规矩。刘瑾走过，就说："费秀才以羊易牛！"这是借《孟子》中的典故，讽刺费兄弟大题小做。费回击道："赵中贵指鹿为马！"借的是秦时权宦赵高（赵中贵）的典故。

明末清初，大臣史可法誓死抗清，以身殉国。而洪承畴父子投降清朝，当了大官。后来，明遗臣傅山做一联："父成丑，子成丑，父子成丑，洪承畴；君可法，臣可法，君臣可法，史可法。"世人叫好。

明朝时，郭都贤曾向皇帝推荐洪承畴，洪因此得到重用。洪承畴降清以后，郭都贤隐居山中，洪去家里拜访。郭看洪的时候，故意眯着眼睛。洪惊问："您什么时候得了眼病？"郭回答："自从认识你以来，我就眼睛有病了。"

洪承畴投降清朝后，转过来跟抗清义军作战，当时抗清的精神领袖史可法还生死未卜，洪跟史有交情，很想知道史的下落。一天，洪问一个被俘军官孙兆奎："你在军中，可知史可法果真是死了，还是活着？"孙回答："您从北方来，可知以前的洪督师（即洪承畴），果真死了还是没死？"洪哑口无言，最后把孙杀了。

写下名句"我劝天公重抖擞，不拘一格降人材"的清朝诗人龚自珍，一生都没能做上翰林，对此耿耿于怀，每次见到翰林馆出来的官员，必要嘲笑："现在的翰林还能称得上翰林吗？没有真才实学都能进，那我的老婆孩子没有一个不能进翰林的。"

罗典在湖南岳麓书院做山长（书院讲学者），一次大才子袁枚路过岳麓书院，来登门拜访罗典。可是，罗典看不起袁枚的放浪不羁，让人告诉袁枚不见。袁枚走了后，罗典马上让人用水冲洗门口的石头，说："不要让脏东西玷污了我的石头。"

明朝时官员们流行为皇帝捐款，万历皇帝时，宫殿发生火灾被毁，官员们开会讨论是否要一起捐款，来给皇帝重修宫殿，有人反对说："皇帝需要用钱，大家勒紧裤腰带，给捐点款，似乎还好解决；如果皇帝需要美女，大家又该如何办呢？"此话一出，大家再不提了，总不能因为领导喜欢美女，就把自家妻女捐上去吧！

清大才子纪晓岚少年时，路遇一少妇于新坟前痛哭。原来，少妇丈夫刚死，撇下七十岁老母和两个幼儿，一家人生活无着。纪晓岚于是给少妇写一状："状告丈夫死得早，留下老的老小的小。民妇叩问父母官，守着好还是走了好？"知县一看，认为还是出一节妇对自己有利。于是，给民妇十两银让她守节。

童年纪晓岚一日与伙伴玩球,不巧球飞入经过的知府轿中。衙役喝斥,伙伴散去,纪却上前要球。知府一瞧,出一上联:"童子六七人,惟汝狡!"说如能对出,就归还。纪答:"太岁二千石,独公……"末字不说。知府疑惑,纪说:"太岁如将球还我,就是'独公廉',不还就是'独公贪'。"知府大笑,将球还给纪。

清末开明文人魏源,少年时得罪一举人。于是,举人指着灯笼里的蜡烛说:"油蘸蜡烛,烛内一心,心中有火。"魏源立即反击:"纸糊灯笼,笼边多眼,眼里无珠。"举人又说:"屑小欺大乃谓尖。"魏答:"愚犬称王即是狂。"举人羞愧。

清末,八国联军攻占北京,与清政府进行议和。某国代表颇懂中国文化,要与清政府代表对联。他说出上联:"琵琶琴瑟八大王,王王在上。"这是在炫耀征服者的武功。一位清朝代表站起来凛然说道:"魑魅魍魉四小鬼,鬼鬼犯边!"侵略者哑然。

口才好、会说话的人,容易脱颖而出、得到提拔。清朝河道都设有专门的官员,每年河道竣工,河道官就会到各县检查。有一个县令平时什么公事也不过问,河官来检查时,县令准备好一桌酒席,盛情款待。河官喝到高兴时,出了一对联:"童子打桐子,桐子落,童子乐。"县令脱口而对:"何道开河道,河道深,何道升。"这个河官姓何,县令的下联正好拍了河官的马屁,河官听了后心花怒放,不但该县的工程轻易过关,不到半年,这个县令还被提拔为知府。

会说话是一种本事,会大大有助于你的人脉,但太会说话了,也可能捅娄子。清朝乾隆时,汪志伊做总督,特别严厉,属下都怕他。有一军工工程完成了,属下请汪总督去验收,并特意安排了一个很会说话的官员来接待、陪同。验收到一口井时，汪总督说："这井看起来够深的，应该不错，小孩掉下去的话，都得淹死。"陪同官员答："不只小孩，就是大人掉下去，也得淹死。"在场的人只得面面相觑，想笑不敢笑。

　　　　吟诗解字对对子，是风雅文人的最爱干的事情。古代没有演唱会，不发行专辑，文人的名头，只能通过文字和传闻来打出去。于是游山玩水要吟诗解字做对子，朋友聚会要吟诗解字做对子，讽刺骂战要吟诗解字做对子，连去个青楼妓馆也要吟诗解字做对子，文字的妙处，被这些无聊又寂寞的文人骚客、达官显贵甚至是山野村夫们发挥到淋漓尽致。本期话题：卅妙趣横生的文字之乐卅。

@ 话题三：妙趣横生的文字之乐

　　古人说大话的时候，一点也不比现代人逊色，想象力上更胜一筹。唐朝诗人李白，要上门去巴结宰相，求官做，给自己设计的名片上书："海上钓鳌客李白"。宰相问他怎么个钓法，李白气壮如牛，答："以虹霓作钓线，以明月作钓钩，以天下无情无义的男子作钓饵！"

　　宋朝宰相吕蒙正，早年生活非常贫寒。有年春节，吕于自家门前贴上一副春联："二三四五，六七八九。"横批是"南北"。其实，这是吕在自嘲，意为：缺衣（一）少食（十），没有东西。

苏轼和一个官妓猜谜,苏出的谜面是:"蒯通劝韩信反,韩信不肯反。"用的是楚汉相争时的典故,谋士蒯通劝韩信背叛汉王刘邦,自立为王,以和刘邦、项羽三足鼎立,韩信没同意。官妓想了一会,说我知道谜底了:"此怕负汉也。""负汉",既指(韩信)背叛汉王,又指(女人)背叛自己的男人,谜面和谜底都丰富精彩。

明成化年间,太监汪直权势熏天。王出巡时,京都高官都宪、侍郎等,于百里外跪拜。此情此景,有人作对联讽刺道:"都宪叩头如捣蒜,侍郎屈膝似抽葱。"

明朝人郑汝昂,家里穷得吃不上饭了,写信向一位做县令的亲戚求助,信是这样写的:"三尺儿童事未谙,饥来强扯我蓝衫。老妻牵住轻轻语,爹正修书去领南。"全文只字都不提"借钱"二字,但又明明白白地把借钱的意思表达了出来。

明朝天顺年间,门达是锦衣卫指挥,有桂某,曾在门达家做私塾老师,古时老师称西席,所以桂某刻了一个印,称"锦衣西席"。江朝宗做太子洗马,有甘某,是江的女婿,古时称女婿为东床,甘某也刻了一个印,号称"洗马东床"。两印一出,时人传笑不已,一笑对得工整,二笑这种人狐假虎威,都是靠他人招牌来抬高自己的身价。

明时,南昌宁王府一只仙鹤被百姓家狗咬死。王府的人将狗主押入官府,说仙鹤的脖子上有御赐金牌,以此要挟官府重判。知府祝况判道:"鹤挂金牌,狗不识字;畜相斗,干人何事?"将狗主释放。

明朝解某,七岁时,父亲死了,官吏来催公粮,解某赋诗一首:"母在家中守父忧,却教儿子诉原由。他年谅有相逢日,好把春风判笔头。"意思是说您是现在的县官,我是将来的大官,您今天给我一个面子,将来我也可以对您手下留情。县令一看大惊,以为是别人代写的,指着一棵小松树,当面考他。解某应声而作:"小小青松未出栏,枝枝叶叶耐霜寒。如今正好低头看,他日参天仰面难。"小小青松还没长成,您正好可以低头细看,不然等将来长成参天大树,您想看可就不容易了。县令听了,马上免了他家的粮税。

郑板桥因私自放粮,被革职回家。途中遇盐商姚有财。姚要求郑给他写字画。郑知道姚平日不学无术,吃喝嫖赌、欺压百姓。于是,提笔写道:"有钱难买竹一根,财多不得绿花盆。缺枝少叶没多笋,德少休要充斯文。"诗为藏头诗,每句开头合起来就是"有财缺德"。

大贪官和珅修建一府邸,大才子纪晓岚给他题一匾额"竹苞",说是竹苞松茂之意。和珅高兴地将它挂于正堂。后来,乾隆临幸和珅宅看见,就说:"你被老纪戏弄了,竹苞拆开来,不就是草包嘛!"和珅苦笑。

清朝浙江平湖一姓王的举人,凭着拍马溜须、欺上瞒下,连升三级,成为封疆大吏。时人讽刺说:"王司马,王观察,王廉访使,连升三级;一条弄,一只船,一坑粪,遗臭万年。"

清道光年间,大臣潘世恩与穆彰阿等一味奉承,凡是皇上说的,一概鼓掌叫好。有人作联嘲讽:"著著著(音 zhe),主子洪福;是是是,皇上圣明。"

清朝,有个贪官春节时在自家门前贴春联:"爱民若子,执法如山。"后有人在上下联各添一行字,改成:"爱民若子,金子银子,皆吾子也;执法如山,钱山靠山,其为山乎。"

清朝,临池王半朝,狡诈霸道,但自视甚高,建一功德坊,并请蒲松龄题写楹联。蒲写道："一二三四五六七,孝悌忠信礼义廉。"王高兴地将对联篆刻在功德坊上。聪明人一看,暗笑。原来,上联隐"八",意为"王(忘)八";下联隐"耻",即"无耻"。

阙疑与一私塾先生隔壁,私塾先生暗中写对联诅咒阙疑。阙疑见私塾先生家对联为:"才高八斗,学富五车。"横批"为人师表"。阙上前增了几个字,变为:"才高八斗斗斗不满,学富五车车车皆空。"横批"为人师表表里不一"。

清朝,每天清晨,一书生于大门外朗读诗书。隔壁有个员外不耐烦,就讽刺说:"门外马嘶,想必腹中少料。"书生反击说:"堂前犬吠,肯定目内无珠!"

乾隆时,大臣王尔烈到江南主持科考。江南多才子,见王是个北方人,就在王居住的馆驿门前贴出一上联:"江南千山千水千才子。"王立即提笔续道:"塞北一天一地一圣人!"联中"塞北"代指北方,"圣人"为孔子,是北方山东人士。学子们心服。

清朝,广东梅县有一户官绅人家,横行乡里。自认为高人一等,在门前贴一对联:"诗第一,书第一,诗书第一;父状元,子状元,父子状元。"才子宋湘瞧见,在对门中药铺也贴出一副对联:"生地一,熟地一,生熟地一;附(父)当归(龟),子当归(龟),附(父)子当归(龟)。"

孔子周游列国,途中见有老妇头上插一梳子,就跟弟子说,谁能打一比方将梳子借来。颜回出来,走到老妇面前说:"阿婆!我有徘徊之山(脑袋),百草(头发)生其上,有枝而无叶,万兽(虱子)集其里,恳请您借我罗网(梳子)以捕之。"老妇一听,将头上的梳子给了颜回。

春秋末期,鲁班要徒弟们三日用梓木做一物件,要做得精。三天后,除了一个小徒弟做的"晶"字形的书架,其他人做的,都不符合师父的意思。大家询问小徒弟原因,小徒弟说:"'梓'同'字'谐音,'晶'与'精'谐音。做三日,正是晶字啊!所以,我做了个'晶'字形的书架。"

上林苑献给汉武帝四十九颗枣。武帝召见东方朔,用手杖敲击两下殿门槛说:"叱叱,先生束束。你知道这是什么含义吗?"朔答:"陛下敲击门槛两下,两'木'为'林'。'叱叱'谐音'七七','七七'四十九。'束束'相加为'棘(枣)'。臣猜应该是上林苑献枣四十九颗!"武帝惊讶。

东汉时,汉阳太守庞仲达去看望本郡高士任棠。相见后,任棠不与庞仲达谈论一语,只是将一盆水,一株薤(一种野蒜),放置于门前屏风前。自己则抱着孙子,蹲伏在门下。庞仲达随从说任棠态度太傲慢。庞仲达说:"老先生这里有深意啊!水是要我为官清廉,薤是要我打击本地豪强。抱着儿孙蹲伏门下,是让我打开衙门,抚恤孤寡。"以后,庞仲达按照任棠所暗示的做,得到百姓称赞。

东汉建和年间,魏郡太守黄琼发现日食,上奏章禀告了朝廷。太后传旨询问食了多少,黄琼不知怎样回答。一旁七岁的孙子黄琬说:"祖父您为什么不说日食时,剩下的太阳就像初月呢?"黄琼惊奇,按孙子说的回复。

三国时,曹操想考考神医华佗的才能如何,寄送一首诗:"胸中荷花,西湖秋英。晴空夜珠,初入其境。长生不老,永远康宁。老娘获利,警惕家人。五除三十,假满期临。胸有大略,军师难混。医生接骨,老实忠诚。无能缺枝,药店关门。"华一看,回信:"阁下诗中应该包括以下这些中药:穿心莲、杭菊、满天星、生地、万年青、千年健、益母、防己、商陆、当归、远志、苦参、续断、厚朴、白术、没药。"曹叹服。

曹操建花园门,工匠造好,曹看后,在门旁写了个"活"字,走了。主簿杨修一见,命令工匠拆毁重修,并说:"门中一'活',阔也。丞相嫌门太大!"重建小门,曹果然满意。

西域有国进献一盒酥,曹操在上面题"一合酥"三字。杨修见了,将酥分给大家品尝。众人不解,杨说:"一合酥,拆开就是一人一口酥。"于是,众人将酥吃完。

东晋一年冬天,下起大雪。太傅谢安吟道:"白雪纷纷何所似?"侄儿谢朗续道:"撒盐空中差可拟。"谢安摇头。侄女谢道韫吟咏道:"未若柳絮因风起!"谢安大赞,说形象贴切。后来人们称谢道韫为"咏絮才"。

梁武帝时,一和尚(其时也称上人)与一富豪争夺田地。官员将案情上报到武帝那,武帝批了个"貞(繁体)"字。官员不懂,让国子学博士刘显看。刘显对官员说:"这字,拆开就是'与上人'。皇上的意思,就是让你将田地判给上人。皇上崇敬佛教,偏向上人,但不能明里说,只好用这种方式。"官员恍然大悟,将田地判给和尚。

唐时,秋官侍郎狄仁杰,对郎官卢献说:"足下配马当做驴(驴的繁体字右边就是卢的繁体)"卢笑道:"明公从中间劈开,乃是二犬!"狄说卢乱说,狄字劈开乃是一犬一火。卢说:"鄙人有新的说法,你本是一犬,劈开,不就两犬了吗?旁边有火,阁下就成火烤狗肉了!"两人大笑。

唐宣宗时,大臣令狐绹路经扬州,游览大明寺,见西廊壁上有一首诗:"一人堂堂,二曜重光。泉深尺一,点去冰旁。二人相连,不欠一边。三梁四柱,烈火烘燃。除却双钩,两日不全。"不知其意。后绹喝了用大明寺泉水沏的茶后,突然明白:"一人是'大',二曜即日月,是'明'。尺一是十一寸,是

'寺'。点去冰旁,是'水'。二人相连,是'天'。不欠一边,是'下'。三梁四柱,烈火烘燃,是'無'(无)。两日不全,除却双钩,是'比'。合起来,就是'大明寺水,天下无比'。"众人释然。

唐朝,一外地游客到京都长安青龙寺观光,连续两天都被寺庙以接待显贵而拒绝。游客恼恨,于寺门写诗一首:"龛龙去东海,時(时)日隐西斜。敬文今不在,碎石入流沙。"众僧疑惑,一和尚解释说:"龛龙去东海,就是龛去龙,是'合';時日西隐,是'寺';敬文不在,是'苟';碎,石入沙,是'卒'。连起来就是合寺苟(狗)卒。这是骂我们呢!"

唐朝的曹著,机智善辩。一天,客人出一谜语:"一物坐也坐,卧也坐,立也坐,行也坐。"让曹猜。曹应声而答:"青蛙!"曹接着出谜语:"一物坐也卧,立也卧,行也卧,走也卧,卧也卧。"让客人猜,客人不知。曹笑说:"我的谜底可以吃你的谜底——蛇!"客人敬服。

晚唐诗人皮日休加入了黄巢起义军。某年元宵,皮日休出一灯谜:"欲知圣人地,田八二十一。欲知圣人名,果头三曲律。"有位军师当即说:"田八二十一,合起来就是'黄'字;果头三曲律,是'巢'字。皮学士说的是咱们大帅啊!"皮点头称是。

李白十六岁时,于本县县衙掌管文书。某日,县境内的河流暴涨,上游飘来一具女尸。知县杨天惠正在江边游玩,看见后,捋着胡须悠然吟道:"二八谁家女?漂来倚岸芦。鸟窥眉上翠,鱼弄口旁朱……"到此,杨就续不下去了。此时,一旁的李白续道:"绿发随波改,红颜逐浪无。何因逢伍相,应是怨秋胡。"李白是在讽刺杨没人性,应该让冤死的伍子胥化作巨浪将杨淹死。杨一听大怒,李便辞职回家。

唐时，书生祖咏赴长安应试，考题为八句诗《终南望余雪》。祖咏沉吟了一会写道："终南阴岭秀，积雪浮云端。林表明霁色，城中增暮寒。"交卷时，主考官问祖为什么不续满，祖说："意尽！"后祖落选，但这首诗成为千古名句。

唐时，一地方官员缅伯高上长安进贡天鹅。途中路过沔阳湖时，缅伯高给天鹅洗澡，不料一不小心天鹅飞掉，慌忙中只抓住了一根鹅毛。到长安后，缅伯高将鹅毛献给皇帝，并赋诗一首说："上复唐天子，可饶缅伯高。礼轻情义重，千里送鹅毛。"皇帝欣然。

唐朝著名诗人李涉，客途九江遇强盗。盗首盘查得知他的身份，便说："既是李学士，就不为难了，您给我们赠首诗吧！"李遂吟道："风雨潇潇江上村，绿林豪客夜知闻。相逢不用相回避，世上而今半是君。"强盗大笑，隆重款待李涉。

唐诗人高适任两浙观察使，奉命到台州巡察。路经杭州清风岭留宿寺庙，见月落钱塘江水退潮，于是提笔在寺庙墙壁写道："绝岭秋风已自凉，鹤翔松露湿衣裳。前村月落一江水，僧在翠微闲竹房。"可离开后一想，钱塘江在月落时江水随潮而退，只剩半江水，"一江"岂非错误。于是，返回时就去改，可已经被人改为了"半江水"。高适看后哈哈大笑，连连称赞，并说要拜改字人为师。

唐玄宗时期，慧童李泌被召入宫。重臣张说咏诗："方如棋子，圆如棋子，动如棋子，静如棋子。"要求李也用"方圆动静"作诗。李应声道："方如行义，圆如用智。动如聘才，静如得意。"玄宗听后大赞。

宋神宗时，辽国使者出一上联"三光日月星"，要苏东坡对。苏东坡思索片刻,说:"四诗风雅颂。"原来,雅分大小雅,所以称"四诗"。辽使惊讶,因为他以为这是绝对,无人能对答。

北宋文学家欧阳修,到一酒馆喝酒。告辞时,主人询问味道如何。欧阳修笑着挥笔在墙壁写道:"大雨哗哗飘湿墙,诸葛无计找张良。关公跑了赤兔马,刘备抡刀上战场。"主人苦思一夜,才领会其意:"大雨哗哗飘湿墙,寓意'无盐(檐)';诸葛无计找张良,寓意无'蒜(算)';关公跑了赤兔马,寓意无'姜(缰)';刘备抡刀上战场,寓意无'酱(将)'。"原来,欧阳修说的是主人的菜缺盐、蒜、姜、酱四味调料。

北宋王安石与友人游览东京(今河南开封),行至管仲、鲍叔牙庙,王安石提笔写道:"两个伙计,同眠同起;亲朋好友,谁见谁喜。"行至伯夷、叔齐庙,提笔写道:"两个伙计,为人正直,贪馋一生,利不归己。"行至哼哈二将庙,提笔写道:"两个伙计,终身孤寂,走遍天涯,无有妻室。"后来,有与王安石同行的人,问司马光这几句为何意。司马光答:"临川出的是一个谜语,谜底是筷子!"问者恍然大悟。

王安石与好友王吉甫猜谜。王安石说:"画时圆,写时方。冬时短,夏时长。"王吉甫以谜破谜,说道:"东海有条鱼,无头亦无尾。更除脊梁骨,便是你的谜。"王安石大笑。原来,两人的谜底都是"口"。

苏东坡被贬黄州团练副使时,慕名求学者络绎不绝。某次,一朝廷大员路过,指着一宝塔对苏的学生说:"宝塔尖尖,七层四面八方。你们能对吗?"众生摇摇手表示不能,大员冷笑。此时,苏笑道:"如此简单的对联,怎么能难住我的学生。他们已经作答:玉手摇摇,五指三长两短!"学生齐声叫好。

某日,苏东坡拜访高僧佛印。苏想坐下,但佛印不允。接着佛印出一上联:"四大本空,五蕴非有,内翰欲于何处坐?"并说如果对不上,就解下苏的玉腰带,系镇山门。苏不能答。

苏东坡与佛印于长江泛舟。苏忽指河岸上一只啃着骨头的狗,笑而不语。佛印思索了一会,将题有苏诗的扇子丢入江中。两人相视大笑。原来,两人所为乃动作哑谜。苏的含义是:狗啃和尚(河上)骨;而佛印的含义是:水流东坡诗(尸)。

佛印派遣一小和尚到苏东坡家,苏不在。小和尚头戴草帽,脚穿一双木屐,刚进苏家中堂,转身就走,苏家仆人不解其意。苏回来后,仆人将这件事告之。苏说:"小和尚头戴草帽,是'人'字头上加个'草头'。脚穿木屐,乃是下面加个'木'字。合起来就是'茶'。他匆匆转身而去,就是请我快快去与他师父品茶!"仆人释然。

北宋名士刘贡父请苏东坡吃"皛"饭,苏疑惑。一去,席上有白萝卜、白盐、白米饭三样,苏恍然大悟。于是,将"三白"一扫而光后,说请刘明日吃"毳"饭。第二天,刘去赴宴。可等到午后,饭菜还是未上。刘于是催苏快点,苏说:"我请你吃的是'毳'饭,即三'毛';盐毛(冇),饭毛(冇),菜毛(冇)。你还能吃什么?"刘大笑。

宋仁宗时,湖州知府文同除夕夜微服私访,见一人家门前春联这样写道:"家有万金不为福,户养五儿尚无儿。"横批是"夫妻度岁"。一看屋内,两老人凄凉守岁。文同立即打发两乘轿子,接两位老人去衙门过年。老人五儿子得知后,纷纷来衙门谢罪并接回父母亲。后文同将老人门前的对联换为:"万金难买岁月,五儿争养爹娘。"横批为"苦尽甘来"。

湖州知府文同,有朋友去世未下葬,儿子就想纳房小妾。文同得知后,派人送去一副对联说:"当孝子做新郎哭笑不得;守灵堂入洞房进退两难。"横批"啼笑皆非"。世侄一看,无地自容,打消纳妾的念头。

一次,王安石与苏轼对联。那年正好闰八月,正月和十二月都有立春。王遂口占一联:"一岁二春双八月,人间两度春秋。"苏没能答上,后有人代答:"六旬花甲再周天,世上重逢甲子。"

北宋有个酸秀才,欲寻欧阳修斗文。一天他去找修,路上有棵大树,酸秀才吟道:"路旁一古树,两朵大丫杈……"至此却吟不下去,这时路过的修续道:"未结黄金果,先开白玉花。"酸秀才觉得妙,于是邀修一起去。两人来到渡口上了小舟,酸秀才又诗兴大发:"诗人同登舟,去访欧阳修。"修哈哈大笑道:"修已知道你,你却不知羞。"

北宋苏东坡有次设宴,想躲过和尚佛印,就与黄庭坚坐船去西湖中喝酒。可消息被佛印得知,他事先藏在船舱底下。席间,苏对黄说:"我们来作诗,前面两句描写眼前美景,后面两句用'哉'收尾。"苏黄两人相继完成。突然,佛印探出脑袋道:"船板拨开,佛印出来。憋煞人哉!憋煞人哉!"苏黄一瞧哈哈大笑,三人同饮。

南宋著名女词人李清照,一日一女友来借一物件。女友说:"我借一朵花,要能闭来又能发,不知花叶在何方,却见花根在手中。"李立即应道:"我去拿座亭,没安窗和门;水在亭上流,人在亭下行。"说完进去拿了一把伞给女友。

金代,诗人元好问的妹妹,貌美有才情,宰相张平章上门求婚。张平章问她有无新作,她答:"补天手段暂施张,不许纤尘落画堂。寄语新来双燕子,移巢别处觅雕梁。"意思是跟你张平章比文采,那是用牛刀来杀小鸡了,我劝你还是去别处找媳妇吧。张恼怒地打道回府。

元代蒙族诗人萨都剌作一联云:"地湿厌闻天竺雨,月明来听景阳钟。"一时广为流传,但一野老不屑一顾。萨去请教,野老说:"'闻'与'听'义同,这难道不是毛病吗? 唐人不是有'林下老僧来看雨',你将'闻'改为'看'。不就很好嘛!"萨佩服,遂拜野老为一字之师。

一日,才子吴承恩,给恶霸粮商张皇兴写了副对联:"皇兴大粮行,慈夙楚城扬。"横批"去四首"。张甚是高兴,将对联高挂在粮行。其实,对联中"皇兴""慈夙"四字去掉字首,就成了"王八大粮行,心歹楚城扬"。明为褒扬,实为暗讽。

明初,朱元璋微服出游到长江采石矶,遇见一群进京赶考的举子。其中,一举子见长江壮阔,钟山苍茫,采石矶卧立江畔,就脱口而出:"采石矶兮一秤砣!"大家夸好,可朱元璋表示开头太猛,恐难继续。果然,举子沉默了下来。此时,朱元璋大声吟道:"采石矶兮一秤砣,长虹作杆又如何? 天边弯月是钩挂,称我江山有几多!"众人惊叹。

明朝洪武十四年是鸡年,这年正月初一,在翰林院与学士们饮酒时,朱元璋作诗道:"鸡叫一声撅一撅,鸡叫两声撅两撅。"众学士愕然。朱元璋紧接着道:"三声唤出扶桑日,扫败残星与晓月。"众学士叹服。

一年除夕,朱元璋下诏南京全城家家贴春联。正月初一,朱微服私访,见有一阉猪户没有按诏令办事。朱一打听,原来这家人大字不识一个,不会写也请不到人。于是,朱立即写一联:"双手劈开生死路,一刀割断是非根。"让阉猪户贴上。

　　朱元璋登基后，到浙江多宝寺私访。见香烟渺渺，鼓钹齐鸣，朱遂脱口而出："寺名多宝，有许多多宝如来。"边上一老秀才接口续道："国号大明，更无大大明皇帝！"将皇帝比成如来，赐福于民，朱大喜。

　　朱元璋微服游览浙江，途中饥饿，便到一小酒馆吃饭。店里没有什么可下酒，朱吟道："小酒店三杯五盏，没有东西。"一老秀才一听，对答："大明君一统万方，不分南北。"朱微笑。

　　朱元璋早年曾在凤阳的皇觉寺当和尚。建立明朝成为皇帝后，朱在原址重建寺庙，命名为"龙兴寺"。根据自己的身世和心境，朱下诏在寺门刻上一副对联："大肚能容，容天下难容之事。慈颜常笑，笑世上可笑之人。"

　　明朝初年，开国功臣徐达，为府邸花园门楣题写了上联："大江东去，浪淘尽千古英雄。问楼外青山，山外白云，何处是唐宫汉阙？"却对不出下联。于是，重金悬赏。一日，一书生挥笔写出下联："小苑春回，莺唤起一庭佳丽。看池边绿树，树边红雨，此间有舜日尧天。"下联不仅歌颂了花园春色，还用"舜日尧天"赞美了大明朝。徐很高兴，传令赏金。

　　明朝初年，大才子解缙去拜见岳父，恰好大连襟、二连襟（连襟为姊妹之夫的互称或合称）也在。大连襟望着墙上的圣人、关公像，随口吟出："孔夫子，关夫子，一对夫子。"完后要解缙对。解缙吟道："写春秋，演春秋，两部春秋。"紧接着，二连襟指着窗外的龙王庙吟道："朝朝朝朝朝朝应（zhao zhao chao zhao chao zhao ying）。"也请解对。解望着门前奔流的文水河，吟出下联："长长长长长长流（chang chang zhang chang zhang chang liu）。"大连襟、二连襟心服。

　　一年除夕，解缙见对门邻居有一片郁郁葱葱的竹林，随即吟道："门对千根竹,家藏万卷书。"并贴于门楹。邻居一见,就将满园竹子全部砍掉。解立即改成:"门对千根竹短,家藏万卷书长。"邻居一见,索性将竹根彻底拔除。解便将门联改成:"门对千根竹短无,家藏万卷书长有。"邻居叹服。

解缙在权臣家做客,权臣高傲,欲刁难解。权臣指着堂前一对石狮子说:"石狮子头顶焚香炉,几时得了?"解对道:"泥判官手拿生死簿,何日勾销?"权臣又指着桌上的茶壶说:"细颈壶儿敢向腰间出嘴?"解立即应道:"高头锁子却从肚里生锈。"权臣恼怒,骂道:"一猿断木深山中,瞧! 小孩子也敢对锯(句)。"解毫不示弱:"一马失足污泥里,看! 老畜生怎能出蹄(题)!"权臣气极。

解缙被誉为明代"对联大师",一秀才不服气。撰写一联寄予解:"牛跑驴跑跑不过马,鸡飞鸭飞飞不过鹰。"解回道:"墙上芦苇,头重脚轻根底浅;山间竹笋,嘴尖皮厚腹中空。"

明朝弘治年间,广东饶平文人曹宗与友人夜间在街上游玩,见一家酒店门前灯上,四面皆有"酒"字。友人出对:"一盏灯,四面字:酒酒酒酒。"此时,城东西响起更鼓声。曹即答:"三更天,两处锣:哐哐哐哐!"

明朝嘉靖年间,某地发生水灾,汪洋大水淹没良田无数。屯田郎中劳半野,遇见熟人顾一江。顾一江笑道:"半野屯其田,空劳碌碌。"劳半野应声道:"一江都是水,回顾茫茫。"上下联契合对方的姓名,妙不可言。

明朝万历年间,一知府到杭州任职,经过文昌桥,遇见当地"四才子":张世纯、艾南英、陈际泰、罗万藻。知府对自己的才学一向自视甚高,就提出与四才子比试对联。张世纯先出上联:"上文章,下文章,文章桥上晒文章。"杭州方言"章"、"昌"同音。"上文章"说的是,桥上四人都满腹文章;"下文章"说的是文昌桥在下。知府老半天回答不出。此时,艾南英告以下联:"前黄昏,后黄昏,黄昏渡前遇黄昏。"知府自讨其辱,没趣地走了。(黄昏,是附近一个渡口名。)

明朝文人杨升庵被贬云南,一日走上双龙桥,见桥畔攀枝花红似火,便欲吟诗。但突然一人说道:"双龙桥,红灯(比攀枝花)万盏,风吹不熄。"杨见桥下洗马潭白莲丛丛,便说:"洗马潭,白莲千朵,雨洒更鲜。"那人笑道:"我用了比兴,足下也得用。不如改成'洗马潭,白姑(比白莲)千面,雨洒更鲜'!"杨心悦诚服。

明巡按御史韩公雍巡视江西,一日,查看牢狱,天突降大雪,韩吟道:"水上冰冻,冰积雪,雪上加霜。"之后,许久想不出下联。此时,一死囚犯施礼吟道:"空中腾雾,雾成云,云开见日。"韩连连称奇。原来,死囚犯是本地才子,因告贪官被诬为谋反。韩查明一切后将他释放。

明朝,江阴徐晞有才干,未经科举,直接做到兵部尚书。这令很多读书人不服。一次,秀才、举人们纠合县官,请徐吃饭,想羞辱徐。徐看破用意,席间吟道:"劈破石榴,红门中许多酸子;咬开银杏,白衣里一个大仁(人)。"意为科举出身的秀才们,许多人是无用酸腐文人。而自己虽然出身白衣,但是一个胸怀大志的人。众书生羞愧。

明朝有个书生,家里很是贫寒。乡试未中时,向亲友借贷,无一人接济。待其高中后,稍微有点关系的都纷纷前来祝贺。书生感慨良多,遂撰一联:"回忆去岁饥荒,五六七月间,柴米尽焦枯,贫无一寸铁,赊不得,欠不得,虽有近戚远亲,谁肯雪中送炭;侥幸今朝科举,一二三场内,文章皆合式,中了五经魁,名也香,姓也香,不拘张三李四,都来锦上添花。"

明朝,书生徐文广与好友唐万阳夜读。深夜时分,徐捧书睡去。唐唤醒徐说:"眼皮坠地,难观孔子之书。"徐对:"哈欠连天,要做周公之梦。"两人相视大笑,继续苦读。

明朝,松江(今上海)的徐阶与苏州的王鏊为好友。某次,徐到王家做客,见苏州人都用火筒吹火,就吟出:"吴下门风,户户尽吹单孔笛。"后王到徐家做客,见松江一带,许多人家弹棉花,王脱口而出:"云间胜景,家家皆鼓独弦琴。"

明朝,祝枝山游西湖,与杭州举人徐子健对联。徐说:"马过木桥,蹄擂鼓,咚咚咚!"边说边捶了祝三拳。祝立即吟道:"鸡啄铜盆,嘴敲锣,哐哐哐!"边说边扇了徐三个耳光。徐大笑。

有一年,祝枝山游杭州,与甲乙丙三秀才对联。甲说:"屋北鹿独宿。"祝对:"溪西鸡齐啼。"乙秀才说:"童子打桐子,桐子不落童子不乐。"祝对:"麻姑吃蘑菇,蘑菇真鲜麻姑真仙。"丙说:"大丈夫半截人身。"祝对:"朱先生三个牛头!"三秀才服输。

明朝,唐伯虎与画家陈白阳外出游玩,来到一花园前,唐随即说:"跟前一簇园林,谁家庄子?""庄子"一语双关,既指"庄园",也指战国"庄子"。陈一时对不上。两人来到一酒家,见墙上写:"杜康传技,太白遗风。"陈灵机一动,立即脱口而出:"壁上两行文字,哪个汉书?""汉书"亦是双关,一指"汉子书写",一指史书《汉书》。

唐伯虎与画家陈白阳饮酒。陈指着桌上的炒豆说:"炒豆剥开,抛下一双金龟甲。"唐立即应道:"甜瓜切破,分成两片玉玻璃。"喝尽三壶酒,陈又出对:"贾岛醉来非假倒!"此联中以晚唐诗人贾岛谐音"假倒",形容当时喝得东倒西歪的情景。唐对:"刘伶饮尽不留零!"以东晋豪饮文人刘伶谐音"留零",形容酒一干二净。

一商人求唐伯虎写了一副对联:"生意如春意,财源似水源。"可商人不满意,让唐重写一副比较通俗易懂的。唐见此人俗不可耐,便提笔写道:"门前生意好似夏夜蚊虫队进队出,夜里铜钱要像冬天虱子越捉越多。"商人欣然。

明朝,唐伯虎拜访祝枝山。祝说:"伯虎,你送我一样物件。它要:远观山有色,近听水无声。春去花还在,人来鸟不惊。"唐一听,立即泼墨画了一幅山水画给祝。

唐伯虎的画声名很盛,某天,许多富家子弟来求画。期间,他们议论纷纷,使唐很是烦心。于是,唐取过一张白纸,在中间涂了一团墨,让众人猜,并说猜中者赠画两幅。众人无人能猜。此时,恰好祝枝山到。祝对众人说:"一团墨就是一个大黑点,'大''黑''点'合起来就是一个'默'字。唐先生嫌你们太吵了!"众人闻言只好散去。

一日,唐伯虎于街上卖画,画上画的是一个人牵着一条狗。唐对围观的人说:"这是一幅字谜画。如果有人能猜中,以画相赠。"一位看客趴在地上,然后爬起来,拿起画就走。唐微笑默许。原来,唐画的谜底就是"伏"。

一年元宵节,祝枝山与文征明同去赏灯猜谜。途中,一人家于桌上摆一鸟笼,旁边放钱一百文,且注明猜衙门术语一句,中者,钱归他。看完,文将赏钱纳入袖中,并打开鸟笼放走了鸟说:"这就是衙门的'得钱买放'!"主人点头称是。祝见不远处还有一鸟笼,就快步上前,将钱揽下,再把笼中鸟抓出来掐死说:"谋财害命,这不也是官场常有的事吗?"

明朝,才子徐渭去给岳母拜寿。期间,徐写下一副贺联:"这个女人不是人;养个儿子是个贼。"众人一听,对徐怒目而视。徐叫人取过另外两张红纸,又写了几句,与刚才的合在一起。有人一念:"这个女人不是人,本是神仙下凡尘;养个儿子是个贼,偷得仙桃献母亲。"众人顿开笑颜。

一财主跟徐渭斗嘴。财主说:"客人不来它先来,心香全在湖底埋,打一物。"徐说:"我也有一字谜,如你能猜中我的,我再猜你的。横一三、竖一川,两个月亮相连。全家共有六口人,四口健全两不全。"财主答:"朋!"徐笑:"我的谜底能捉你的谜底!"财主大悟:"哎呀! 是'用',用'茶'!"财主自叹不如徐。

浙江绍兴一寺院主持,与才子徐渭交情好,两人经常在一起切磋学问。一次,徐出一上联:"敬菩萨,拜菩萨,庙里无柴烧菩萨。"主持抿了口茶说:"爱老婆,亲老婆,家里无钱卖老婆。"两人哈哈大笑。

绍兴新任知府胡大人,为人贪鄙,到任的第三日,就广发请帖,让全城富豪赴宴。才子徐渭知道后,宴席那天大模大样走了进去。胡知道徐是著名书画家,就请他为宴席作幅画。徐援笔而画,一僧一道,毕恭毕敬并排而站。并在画卷左上角题款"僧在有道"。僧在有道,是"生财有道"的谐音,此画意在讽刺胡贪得无厌。

明朝,山阴城中当铺的"朝奉先生"们,势利、懒惰。某日,徐渭见一当铺欺负穷人,就在当铺对面的墙上,画了一幅画:上半部,是"丹凤朝阳";下半部,画了一只猪猡,望着凤凰。当铺的人瞧见迷惑。徐说:"上半部是'丹凤朝阳',下半部是'猪猡朝凤(奉)'! 明白了吧?"当铺的朝奉先生们被气疯。

明朝著名戏曲家汤显祖,新婚之夜入洞房时,新娘说:"我出一上联,你能对出,就能上床,不然……"上联为:"红烛蟠龙,水里龙由火里化。"汤沉思了一会,指着妻子脚上的绣花鞋说:"花鞋绣凤,天边凤从地边飞。"

明朝,户部主事黄周星为养父庆寿。席间,出一字谜:"忽而冷,忽而热,冷时头上暖烘烘,热时耳边声戚戚。"并补充,打的是一三国时期人名。一宾客沉思一会笑说:"天冷时戴'貂'皮帽,片刻暖烘烘;天热时,'蝉'鸣叫,耳边声戚戚。合起来,就是三国美人'貂蝉'。"黄点头称是。

明时,一名士于家中设一特殊灯谜:屋内摆放了一桌酒席,旁站一少女,墙上挂一条珊瑚鞭,室外悬一盏海棠灯,阶下拴有一匹马。并且申明,做动作射两句唐诗。中者,鞭及马相送。某天傍晚,一少年书生突然进来高坐酒席上,连连饮酒。有醉意后,随手取下墙上的马鞭,然后让身边的丫鬟扶他出去上马。骑在马上,少年书生用马鞭敲打了一下海棠灯,然后驱马扬长而去。名士欣然望着少年的背影远去,原来正是唐诗:"醉后玉人扶上马,珊瑚鞭打海棠灯。"

明朝正德年间,徽郡大旱,知府祈雨无果,有人作诗讽刺:"太守出祷雨,万民皆喜悦。昨夜推窗看,见月。"知府得知大怒,将那人重责十八大板后说:"你如果能再做十七字诗便罢了,不能,大刑伺候!"那人应声道:"作诗十七字,被责一十八,若上万言书,打杀!"知府将他释放。

才子徐渭,有一邻居非常迷信,妻子病危时,娶儿媳妇冲喜,可妻子仍然去世。众亲邻好友,面对此情此景不知如何安慰主人,就请徐说两句。徐说道:"红灯银烛两辉煌,月老无常共举觞。今日逢凶又化吉,一堂吊客贺新郎。"

明时,绍兴衙门邬师爷和毕师爷,以文墨欺压百姓,人人恨之入骨。一日,徐渭与邹毕二人碰巧在同一酒馆喝酒,此二人建议作诙谐诗句。徐说道:"二字拆开两个一,一个乌(邹)龟一个鳖(毕),龟鳖本来同一色,你们看,哪是乌龟哪是鳖?"

明朝某画家收到朋友的礼物和一封信,信中提及礼物为琵琶。可打开一看,却是黄澄澄的枇杷。于是,画家修书一封说:"枇杷不是此琵琶,不恨当年识字差? 若是琵琶能结果,满城箫管尽开花。"

一日,明代画家沈石田正伏案作画,突然外面一个化缘的和尚,给他送来一首诗:"寄将一副剡溪藤,江面青山画几层。笔到断崖泉落处,石边添个看云僧。"沈一看,惊叹这首诗就是一幅绝妙的山水画。于是,立即提笔画成《僧观流云图》相赠。

清兵入关后,发布剃发令:"留头不留发,留发不留头。"此令一下遭到江阴人民的坚决抵抗。原明江阴典史阎应元率众起义,并于城墙上书写一联:"七十日带发效忠,表太祖十六朝人物;三千人同心起义,存大明一百里江山。"

清朝,郑板桥任潍县知县,有一次一位捐班出身的知府路过,他没出城迎接,令知府很受伤。酒宴上,知府见端上一盘蟹,就令郑借物作诗,打定主意如果郑做不出,就要羞辱他一番。却见郑略一思索道:"八爪横行四野惊,双螯舞动威风凌。孰知腹内空无物,蘸取姜醋伴酒吟。"知府大惭。

广西人陈宏谋,是清朝雍正、乾隆时期的重臣,官至宰相。陈退休在家时,乡邻们来请他写春联,陈都答应下来,但到大年三十了,春联还一个字没写。乡邻们来要,陈就把空白的春联发给大家,别人问:"怎么都没写字?"陈答:"有字不如无字好。广西话,"字""事"音近,大家听说"有事不如无事好",就都贴这无字春联。

清末,两江总督张之洞微服私访到松江,中途与一缙绅参加知府寿宴。寿宴一开始,张抢占首席,知府不高兴,指着桌上的鲈鱼对张说:"鲈鱼四鳃,独占松江一府。"张指着另一道菜说:"螃蟹八足,横行天下九州。"知府大惊。

清朝,梁鼎芬知事汉阳府,放纵手下贪污受贿,鱼肉百姓。因此有人写对联讽刺:"一目不明,开口便成两片;廿头割断,此身应受八刀。"横额为"梁上君子"。上联隐一"鼎"字,下联隐一"芬"字,总的意思是骂梁如盗贼,理应挨刀而死。

清朝末年,一县禁烟督办出身贡生和警佐出身监生两人贪污腐败,敲诈勒索。有人写对联嘲道:"禁烟总局,警察分局,设此二大骗局,小民如何了局? 督办贡生,警佐监生,有这两个畜生,大家安得聊生!"

中日甲午战争中,清旅顺守将龚照玙与卫达三弃城逃跑。后来,卫达三被斩,龚照玙行贿保全了性命。龚出狱那天,六月六日,正是他的六十大寿。寿宴时,同乡张陆突然闯进来大喊:"龚六哥还我旅顺!"第二天,龚在门前发现一副对联。上联为:"称六太爷,上六旬寿,欣占六月六日良辰,六数适相逢;曾听得张陆先生,大踏步闯进门来,口叫六哥还旅顺。"下联为:"坐三年监,陪三次斩,赚得三代三品封典,三生愿已足;最可怜达三故友,小钱头不为咱洒,冤沉三子赴黄泉。"

纪晓岚侍从乾隆南巡。一天傍晚,两人在江边散步,看见一老翁坐在船上垂钓。突然水面的浮标晃动,老翁一甩鱼竿,钓上一条金鲤。老翁一拍腿,大呼,大笑。见此情景,乾隆令纪以此作七绝一首,且其中必须插入十个"一"字。纪吟道:"一篙一橹一渔舟,一丈长竿一寸钩。一拍一呼复一笑,一人独占一江秋。"

　　纪晓岚陪侍乾隆皇帝读书，思念家人，甚觉无聊。于是，有天乾隆对他说："你面色很不好，必有心事。我看你是：口十心思，思妻思子思父母。"纪立即答："皇上说对了，您如能恩准臣回乡省亲，臣现在是：言身寸谢，谢天谢地谢君王！"乾隆当即答应。

　　乾隆五十年，皇帝于乾清宫举办"千叟宴"。其中有一位老寿星，一百四十一岁，乾隆很高兴，立即吟出上联："花甲重逢，外加三七岁月。"纪晓岚对道："古稀双庆，更多一度春秋。"众人称赞。（"六十"为一花甲，"七十"为一古稀）

　　一日，纪晓岚与好友对联消遣。好友："海棠。"纪："山药。"好友："嫩海棠。"纪："老山药。"好友："带叶嫩海棠。"纪："连毛老山药。"好友："一枝带叶嫩海棠。"纪："半截连毛老山药。"好友："斜插一枝带叶嫩海棠。"纪："悬挂半截连毛老山药。"好友："鬓边斜插一枝带叶嫩海棠。"纪："腰间悬挂半截连毛老山药。"好友："我爱你鬓边斜插一枝带叶嫩海棠。"纪："你怕我腰间悬挂半截连毛老山药。"友人语塞，拜服。

　　乾隆赏赐纪晓岚一件箭衣（满族箭衣的款式源于狩猎和征战。大襟、无领，窄袖，上加披领。因袖口在射箭时有护手作用，而称作"箭袖"，又因形似马蹄而称作"马蹄袖"，这种款式后来成为礼服的定制），同僚俱来庆贺，宴席到掌灯时分。客人走后，老岳母围着纪，不停地翻看他穿的那件箭衣。纪遂吟道："亲家太太太多情，为看箭衣绕膝行。看到夜深人静后……"到此，岳母问："欲待怎样？"纪答："平平仄仄仄平平。"

　　清朝乾隆年间，邓州贡生庞振坤到舅舅家做客。开饭前，表嫂们要与他行酒令,并规定:首句将一个单字拆开,第二句将一个单字分成三个相同的字,第三句必须是上句分出的那三个字,末句要用首句最后一个字结尾。庞振坤随口说:"田心为思,姦字三女,女女女,不知何人害相思。"

清朝康熙年间,贵州才子周渔璜出一对上联:"桃李花开,一树胭脂一树粉。"并说,有谁家姑娘能对出下联,他就迎娶她。不久,一小康之家姑娘对出下联:"柑橘果熟,满枝翡翠满枝金。"虽姑娘脸上有麻子,周还是不顾家人反对娶了她。

清朝,有位朱督学,奉旨回家乡浙江监考。考试前,朱在督学府大门贴出一副对联:"铁面无私,凡涉考场,亲戚年家皆谅我;镜心普照,但凭文字,平奇浓淡不冤渠(吴语,你)。"准备走后门的亲友一看,全都打道回府。

明朝末年,民族英雄郑成功,于一张桌子上,放清水一碗,宝剑一把,残剩的蜡烛一支,以及取火用的火刀、火石、火线,做一哑谜,以此来招纳豪杰。不久,一大汉过来,用剑劈碎碗,清水流地。然后用火刀、火石、火线点燃蜡烛。郑得知后,非常高兴,称找到了深明大义的英雄。原来,劈开碗让清水流出,就是灭清;将残剩的蜡烛重新点燃,表示复明。反清复明,是郑一生的理想。

乾隆巡游江南,某天见空中有白鹤飞过,就令随从冯诚修以此吟诗。冯吟道:"远望天空一鹤飞,朱砂为顶雪为衣……"未完,乾隆突然打断说他要冯吟的是黑鹤。冯立即续道:"只因觅食归来晚,误落羲之洗砚池。"乾隆听了赞许不已。

乾隆得一幅《百鹅图》,召众臣题诗。纪晓岚上前吟道:"鹅鹅鹅鹅鹅鹅鹅,一鹅一鹅又一鹅。"众人好笑。但纪继续:"食尽皇家千钟禄,凤凰何少尔何多?"乾隆称妙,碌碌之辈汗颜。

一日,乾隆退朝后,与三五大臣玩麻将。乾隆说道:"八仙只有何仙姑一个女的,朕有一上联:七男一女同桌凳,何仙姑怎不害羞? 卿等谁能对出下联?"一大臣应道:"三宫六院多姬妾,圣明主理应自爱!"乾隆色变。

清朝著名文学家蒲松龄,到一财主家做私塾先生。不到三个月,就辞馆。财主设宴送别并询问儿子的情况。蒲说:"做文章,是高山响鼓、闻声百里;至于易、礼、诗方面,是八窍已通七窍。"财主欣然。但后来,财主当师爷的弟弟告诉他说:"高声响鼓,声闻百里,是不通不通(扑通扑通);而八窍已通七窍,是一窍不通。他这是讽刺侄子!"财主气愤不已。

清朝,郑板桥为一妓院题字"因受院"。结果,妓院顾客盈门。郑一看,连忙向亲朋好友解释说,"因受"是"恩爱(爱)"去心,意为无心恩爱。他就是想通过这个告诉男人们,放着家中恩爱的妻子不理,而来这种没有真情的地方,何必呢!

清时,有个大盐商向郑板桥求对联,郑要一千两银子,盐商还到半价。郑提笔写道:"饱暖富豪讲风雅。"写完,携银而去。盐商疾呼:"先生,你还没有写全!"郑说:"可你只付了一半钱啊!"盐商只好又交出五百两。郑这才写道:"饥馑画人爱银钱!"然后大笑而去。

郑板桥在山东潍坊当知县,一秀才告人家欠他薪金。郑怕是秀才才学不够,人家不满意。于是指着堂上的一盏大彩灯说道:"四面灯,单层纸,辉辉煌煌照遍东南西北。"秀才对:"一年学,八吊钱,辛辛苦苦历尽春夏秋冬。"郑当即拘传东家,令其偿还秀才银钱。

一日,郑板桥于扬州街头卖画,遇大雨,躲雨朋友家,雨不停,归家不得。朋友说:"全身皮包骨头,终生精神抖擞,乐与游子做伴,敢同苍天打斗。这是谜语,你能猜中,就借一物件给你,让它帮你回家!"郑笑道:"我现在不正需要你的伞吗?"朋友大笑,拿伞给郑。

清朝乾隆年间,李调元任广东主考,上街刻一私章。掌柜对他说:"弓长张,立早章,张公章子张用章。您能对出下联,我就给您刻!"李不能对。此时,旁边一朱秀才,指着街上一个骑在骡子上的客商,吟道:"四维罗,马累骡,罗上骡下罗骑骡。"正在此时,一人牵猪,猪将朱衣服弄脏。朱抢过猪绳,欲发火。李指指朱说:"我也得一下联,未撇朱,反抓猪,朱前猪后朱牵猪!"众人大笑。

清朝,一日,官员李调元上街,遇一秀才,口中念念有词,如疯似癫。李一打听,原来秀才向城外青溪沟黄铁匠女求婚,黄女出一上联:"青溪沟,黄铁匠,扯红炉,烧黑炭,坐南朝北打东西。"并说只要能对出,就嫁且不要彩礼。李教给秀才一下联:"紫竹坝,朱裁缝,穿金针,弹灰线,度短量长分大小。"秀才如愿以偿。

清时,李调元任直隶通永道,三江人探花徐广义为其属官。某日,两人乘轿在道中不期而遇。徐明知对面为李,却故意不让路。李就让人令其通报姓名,徐说:"春芍药,夏芙蓉,秋菊冬梅,吾乃探花郎,三江徐广义!"李在轿内高声应道:"东启明,西长庚,南极北斗,我本谪仙子,四川李调元。"徐下轿让路。

清朝一老翁,请著名文人刘凤诰写寿联。刘问老翁何时出生,老翁回答十一月十一日。刘即在纸上写道:"十一月十一日。"老翁惊讶。刘又问老翁高寿,老翁答八十。刘于是续写道:"八千春八千秋。"老翁大喜。

清朝,一盐商花钱捐了个官。一次,到某地当主考官。盐商文化水平不高,又耻于向人请教。于是,就将试卷编号,放在竹筒里摇晃,以此来确定名次。为此,一考生写对联讽刺道:"尔等论命莫论文,碰! 咱们用手不用眼,摇!"

清朝末年,广州"滑稽大师"何淡如,一日去两龙墟看扒龙船,为戏台写了副对联:"扒扒扒扒扒扒扒扒扒,扒到龙门三级浪;唱唱唱唱唱唱唱唱唱,唱出仙姬七姐词。"九个"扒"字、九个"唱"字,将热闹非凡的赛龙船场面描写得惟妙惟肖。

清朝末年,一县太爷做寿,令当地百姓人人都得送礼。寿宴那天,有人送一对联:"县太爷做生,金也要,银也要,铜钱也要,红黑一把抓,不分南北;小百姓该死,稻未熟,麦未熟,豆菽未熟,青黄两不接,哪有东西?"县太爷气极。

清朝末年,湖南长沙橘子洲头一老艄公,有天背盐回家,中途遇大雨,站在一屋檐下避雨。屋檐上的雨水滴在盐袋上。老艄公随即念道:"盐人背盐檐下站,檐水滴盐。"屋主是个书生,此时见沙滩上有只船搁浅,就不禁对道:"舟民驾舟洲上过,洲底擦舟。"

清朝末年,湖南长沙有个考生进京应试,主考官与他是同乡。主考官知道考生是住长沙东牌楼,于是出一上联:"东牌楼,西牌楼,红牌楼,木牌楼,东西红木四牌楼,楼前走马。"考官说的都是长沙街道名称。考生知道考官家在长沙南正街。于是,也以长沙街道作答:"南正街,北正街,县正街,府正街,南北县府都正街,街上登隆。"考官又出一长沙地名对:"青石(井)白沙(街)红墙巷。"考生对:"黄泥(坑)蓝粉(墙)赤岗冲。"

清朝乾隆年间,陕西举子王杰进京考试,发榜那天,他不小心踩了一位山东举子的脚。山东举子嘲笑他乱挤,陕西人根本就没有中状元的命。并自夸道:"泰岱三观,孔子圣,孟子贤,自古文章传东鲁。"王即说:"黄河九曲,文王谟,武王烈,而今道德在西秦。"此时,有人喊状元是陕西人王杰,山东举子赶忙致歉。

清朝乾隆年间,一南方人来山西临县当知县。一天,在大街上碰见本地先生赵中元。见他头戴旧草帽,身穿破棉袄,看不上眼,就说:"穿冬衣戴夏帽扰乱春秋。"赵回击说:"生南方到北地不成东西。"知县知不好对付,立即走掉。

古时一女子漂亮而有文采,富家公子纷纷求婚。女子出一上联:"长巾帐内女子好,少女更妙。"无人能对。此时,来一和尚说:"山石岩前古木枯,此木是柴。"完毕,就要求女子与他走。女子说:"您是对上了,可少女怎能配枯木? 再说佛祖也不同意啊! 枯木作柴,我出钱买了!"和尚只好作罢。

一知县让一媒婆给他相个儿媳。媒婆受过知县勒索,就找了一财主家跛脚独眼姑娘。相亲时,媒婆让姑娘侧身坐着,并隔着纱帘相看。知县儿子见了说美,立即要定亲。媒婆让立了张婚约:人才十分丑陋并无,一双好足,三人对六面,乌眼肉耳,腿长脚短,不合不与媒人相干。结婚那天,知县才知上当,刚要怒骂媒婆。媒婆拿出婚约念道:"人才十分丑陋,并无一双好足,三人对六面,乌眼肉耳,腿长脚短不合,不与媒人相干。"知县无语。

过去,一名叫张古老的想娶个聪明儿媳。一日,隔壁村的巧姑,上街经过门前,张说:"姑娘,给我带三件东西:骨头包肉,纸包火,河里的柳叶沤不烂。"回来时,巧姑交给张:一包核桃、一只灯笼、一条鱼。张满意地点点头。后来,巧姑成了张老的儿媳。

传说古时广西壮族地区恶霸莫海仁,逼娶美丽姑娘刘三姐。刘三姐提出对歌以决定是否答应,莫家请来的陶、李、罗三位秀才,首先败下阵来。莫只好亲自上场:"姑娘你切莫逞能,三百条狗四下分。一少三多要单数,分不清就是莫家人。"三姐应唱道:"九十九条打猎去,九十九条看羊来,九十九条守门口,还剩三条狗奴才。"莫哑口无言。

中国古代柯尔克孜族有个汗王,要求妻子的智慧,只能奉献给自己一个人,否则就分离。有一天,王后救一个人,破坏了规矩。汗王大怒,说分手,除去宝座、王冠,什么都能给。王后请求一起吃饭。席间,王后将汗王灌醉,骑马带走。汗王醒后责问王后想干什么,王后答:"汗啊! 我这就是按您的吩咐做的! 宝座、王冠我留下了,但最称心的您我得带走!"汗王只好允许王后一起回宫。

维吾尔族有个叫阿吾提的猎人打猎,碰见县官。县官说阿吾提抢了他的猎物,令阿吾提用石头做双靴子,不然就惩罚他。七天后,县官来到阿吾提家,见阿吾提妻正搅沙子,就问她干什么用。阿吾提妻答:"粘靴底。"县官奇怪,说沙子怎么能粘靴底。阿吾提妻回答说:"既然沙子不能粘靴底,那石头又怎么能做靴子?"县官无语,饶过阿吾提。

古时候,一天晚上,漫天乌云,四周漆黑,一人在家吟道:"黑白难分,叫我怎知南北。"此时,突然隔壁的秀才推门而进说:"青黄不接,向你借点东西。"主人一听,连连称妙,立即借与秀才东西。

古时,一个名叫芦梣的人,与同科进士宴会。芦爱显摆,几杯酒过后就吟道:"鸟入风中,啄虫虫而作凤。"席中一人很是反感,说道:"马来芦畔,吃尽草以为驴。"

古时,一人平时不知节俭,到过年时家里什么年货也没有。于是,写春联自慰道:"行节俭事,过淡泊年。"邻人见了,改为:"早行节俭事,免过淡泊年。"

享受生活的艺术

生活是件艺术品，需要精心雕琢。

#无处不在的生活智慧#：东汉末年神医华佗，某天看见一孩童抓住门闩荡着玩，想起古书上一句"户枢不蠹，流水不腐"，继而联想到大多数疾病，都是因为气血不通引起的，如果人体经常活动，让气血顺畅流通，不就能保持身体康健吗？于是，他根据禽兽的动作，编成一部健康体操"五禽戏"。

转发（19555）评论（29456）

□×××：五禽戏是虎鹤双形拳、螳螂拳、猴拳、蛇拳的统称吗？

□蔡桓公 V：医术比扁鹊如何？最近寡人身体不适，扁鹊也不知溜哪去了，方便的话请这位华佗为寡人医治一下。

□曹操 V：楼下你小子哪混的？华佗想要开我脑袋，那玩意儿是轻易能碰的吗？

□李时珍 V：华佗前辈真是功德无量啊，只是那白脸曹操太可恶。

"我不想谋生，我想生活。"这句话出自十九世纪英国才子王尔德之口，却道出了现代人的心声。常听人抱怨生活困苦艰难，悲多欢少，却不知生活是一种艺术，需要慢慢雕琢打磨。

古圣贤说齐家治国平天下，先治理好家庭，才能谈治理国家，所以便产生了诸如《颜氏家训》、《朱子家训》等传世之作。古代有许多关于"齐家"的历史典故，至今为人所津津乐道。本期话题：#家和万事兴的齐家术#。

@ 话题一：家和万事兴的齐家术

南梁中书令徐勉，一生身居高位，但他严于律己，行事公正而谨慎，节俭不贪，不营置家产。平时所得的俸禄，大都分给了亲朋中的穷困者和贫苦百姓，因此家里没任何积蓄。有人劝他为后代置点产业，徐勉回答："别人给子孙留下财产，我给子孙留下清白。子孙如有德能，他们自会创家业；如果他们不成才，即使我留下财产也没用。"

西汉丞相萧何，购买田宅，都尽量选择那些穷乡僻壤，且不营建高楼围墙。萧对人说："我的子孙如果贤德，这样的家产正符合他们的心愿；如果子孙不肖，这样的田宅别人很难看得上，较易能守住。"

给子孙留金留银,不如给子孙留下好名声。唐朝法官徐有功,执法公正,救了不少人的性命。后来罢官为民,他儿子参加吏部选拔时,吏部官员都说:"这是徐公的儿子,哪能用常规考核来要求呢。"清朝谢振定因为得罪和珅被罢官,人称"烧车御史",二十年后,谢的儿子做了县令,入京述职,嘉庆皇帝召见,问他:"你就是'烧车御史'的儿子吗?"不久,便提拔他做了成都知府。

教育子女不要太功利。南北朝时大教育家颜子推,写有《颜氏家训》一书。有个官员曾告诉他:"我有个儿子,已有十七岁,很会写奏札,教他讲鲜卑语、弹奏琵琶,差不多都学会了,凭这些本事来服侍三公九卿,一定会得到宠爱,会有个好前途。"颜氏不语,回来后教育子女们说:"奇怪啊,这个人用这样的方式来教育儿子! 就算靠这样来做到卿相,我也不愿让你们去干的。"

做父母的都担心下一代越来越娇气、越来越不能吃苦,甚至觉得整个社会都是"一代不如一代",其实,多数时候,社会总是在往前发展的,很多担心都是不必要的。西汉宣帝时,宣帝重法家,太子柔仁、好儒道。宣帝总看不上这个太子,曾叹气说:"乱我家者,太子也!"后来太子做了皇帝(汉元帝),同样也看不上自己的太子,太子刘骜少不经事,不够有爱心,元帝恨恨地说:"哪有人不仁慈而能做好皇帝的!"刘骜即后来的汉成帝,又做了二十多年皇帝。

唐玄宗一家人吃饭,玄宗让儿子李亨切熟羊腿。李亨切完后,手上沾满油,就随手拿起一张饼,把手擦干净。玄宗在一边看得直皱眉,李亨察觉了,赶紧拿起擦手的饼,放嘴里吃起来。玄宗这才开心,教训儿子说:"福当如是惜!"

　　清朝人张英,在朝廷做宰相。老家跟邻居因为房基地发生纠纷,邻居因为扩建房子,占了张家三尺地,张家不服气,官司打到县衙里。张英知道这事后,没有凭借官威向县衙施压,而是写了一封信给母亲,信里是一首诗:"一纸书来只为墙,让他三尺又何妨。万里长城今犹在,不见当年秦始皇。"劝母亲何必为了三尺地而打官司,万里长城今天依然屹立,但谁还记得长城当年的主人秦始皇呢!邻居听说此事后,很惭愧,不仅退回三尺地,还主动再让三尺地,两家间就形成六尺宽的巷子,后人美称"六尺巷"。

　　诸葛亮在《诫子书》中写道:"夫君子之行,静以修身,俭以养德,非淡泊无以明志,非宁静无以致远。"

　　父母是孩子的榜样,想要孩子勤奋,做父母的自己就不能懒散;想要孩子诚实,做父母的自己就不要张嘴瞎话来。《颜氏家训》说:"是以父不慈则子不孝,兄不友则弟不恭,夫不义则妇不顺矣。"

　　南宋理学家朱熹曾感叹:"只要一家和谐平安,就算缺衣少食,也会觉得快乐。"家庭和谐是生活快乐的根基、源泉,身处硝烟弥漫家庭内的人,无论做多大官,赚多少钱,都不可能真正快乐。

　　明朝徐溥,官至首辅(第一宰相),名声很好。据说徐为了修养自己的品德,自小开始就立了一规矩:准备两个瓶子,一瓶装黑豆、一瓶装黄豆;每当做了一件善事,就投一黄豆;做了不好的事或者动了坏念头、说了一句不该说的话,就投一黑豆。开始时黑豆多黄豆少,但长期坚持下来,黄豆远远多于了黑豆。

　　清代林则徐有一幅训子对联:"子孙若如我,留钱做什么?贤而多财,则损其志;子孙不如我,留钱做什么?愚而多财,益损其过。"希望儿孙自强自立，不要做啃老族。

郑板桥是清朝"扬州八怪"之一，他的教育理念是："读书中举，中进士做官，此是小事，第一要明理，做个好人。"因为在外做官，孩子放在弟弟家带着，郑板桥交代弟弟，一定要严格要求小孩，和仆人的子女平等对待："家人儿女，总是天地间一般人，当一般爱惜，不可使吾儿凌虐别人。"

曾国藩是清末湘军首领。他权管四省，位列三公，拜相封侯，他的儿子可算得上是"正牌高干子弟"了。然而，儿子曾纪泽和曾纪鸿都没有变成"衙内"和"大少爷"。曾纪泽诗文书画俱佳，成为清朝著名的外交家；曾纪鸿虽不幸早死，但其研究古算学亦取得相当成就。不仅儿子个个成才，孙辈还出了曾广均这样的诗人，曾孙辈又出了曾宝荪、曾约农这样的教育家和学者。这很大程度上取决于曾国藩教子有方，"爱之以其道"。

曾国藩对"官二代"的毛病深有警惕，多次严词训诫儿子们不要学歪风邪气："世家子弟，最易犯一奢字、一傲字……京师子弟之坏，未有不由于骄奢二字者。""凡世家子弟，衣食起居，无一不与寒士相同，庶可以成大器；若沾染富贵习气，则难望有成。"儿子曾纪鸿去长沙参加考试时，曾国藩又特别写信告诫：出门在外，一定要谦谨，万不可张扬，考试前也不要去拜访州县官员。

曾国藩祖训八字："书、蔬、鱼、猪、早、扫、考、宝。"其中蔬、鱼、猪是中国古代农村的生活内容。其他几项今天仍有重要意义：书，就是读书，读书是为了明晓道理；早，就是早起，不贪恋被窝之舒适；扫，就是扫除，勤劳；考，就是祭祀，孝顺先人和父母；宝，就是善待亲族邻里，一个人不能独善其身，一个家也不能独善其家，与人愉快相处，这是居家的至宝。

曾国藩在教育子女方面，总结了一个"八本"理论：读书以训诂为本，即要求老老实实读书，不要滑头；作诗文以声调为本，诗文不要求花哨；侍奉长辈以让其欢心为本；养生以戒怒为本；立身以诚信为本；持家以勤为本；做官以不爱钱为本；行军以不扰民为本。这"八本"，可说是涵括了曾国藩的读书求学经验和做人处世经验。

苏轼曾做诗说："我愿生儿愚且鲁，无灾无病到公卿。"寄意子女们做人傻一点、憨一点，这样才不至于惹出祸端，平平安安过一生。可真是"天下父母心"呀！清朝大文人郑板桥，也希望子弟们学王羲之、虞世南，这二人都做高官、享清福且长寿；学明朝董其昌、清朝韩菼，二人都名高位重，退休后又享尽儿女天伦之乐。而不要学韩非子、方苞、郊寒岛瘦（郊寒岛瘦指唐朝著名的两位诗人孟郊和贾岛，二人以苦吟著称，因其平生遭际大体相当，诗风相似，被后世并称为郊寒岛瘦）等人，他们虽然都很有才华，名重一时，但终究命运多舛，日子过得太苦。

楚国国相孙叔敖，孩童时，出去游玩，看见一条两头蛇，就将它打死。回家后放声大哭，母亲问为何哭，他说，听说见了两头蛇的人一定会死，刚才他见到了，他害怕会离开母亲死去。母亲问："两头蛇现在在哪？"孙说："我怕别人看见会死，将它打死埋葬了。"母亲笑说："孩儿你不会死的，积德的人，上天会保佑的！"

孔子有位学生名叫曾子。一天曾子的妻子要上街，儿子哭闹着要跟着去。妻子便哄儿子说："你回家等着，妈妈回来杀猪让你吃肉。"等妻子回来后，曾子要杀猪，妻子急忙阻拦说："我不过是哄哄孩子的。"曾子回答："小孩子年幼没有知识，处处会模仿父母，听从父母的教导。今天你欺骗他，就是教他学你的样子骗人。这可不是教育孩子的好办法啊！"于是，曾子坚持把猪杀了，煮肉给孩子吃。

春秋时期,卫庄公宠爱小妾生的儿子卫州吁,大臣石碏规劝庄公说:"一个人太受宠了,就容易骄傲,骄则不能安分,父母对他稍有疏远,就会令其心生怨恨,这是很危险的事情啊。"庄公不听。庄公死后,大儿子桓公即位,州吁为自己没当上国君而怨恨,发动政变,杀了哥哥桓公后自己即位。后因州吁不受贵族和人民的拥护,在位不到一年便被诛杀。

曹操派儿子曹彰带兵出征,出发前告诫说:"居家为父子,受事为君臣,动以王法从事,尔其戒之!"意即:在家时我们是父子,工作上我们是君臣,如果你犯了事,那我就要王法处置。曹彰果然兢兢业业,奋力战斗,胜利归来。回来时又不居功,把功劳都归于部下将领。曹操很高兴,赞许"黄须儿竟大奇也"。

要家庭和睦,有些玩笑开不得。东晋孝武帝,宠爱美女张贵人,有次和张贵人喝酒,张贵人不肯喝,孝武帝喝得有点高了,就开玩笑说:"让你喝酒都不喝,依你的年龄,该当废掉了!"张贵人年近三十,女人对年龄都是很敏感、紧张的,听皇帝这么一说,竟当真了,等皇帝睡着后,就把他弄死了。

南北朝时,吐谷浑国王阿豺临终前,将弟弟慕利延和儿子们叫到床前,让儿子每人献出一支箭。阿豺拿出其中一支让弟弟掰,一掰便断。后又将十九支箭合在一起让弟弟掰,十九支箭纹丝不动。又让儿子们折,儿子们也无能为力。阿豺说:"这你们应该明白了吧? 单支易折,合在一起则难以撼动。你们应该同心同德,这样国家才能生存繁盛!"

古人讲治家要严,但这个"严"是要讲原则、约束家人不犯错误,而不是像警察对待犯人那样严酷。南北朝时,梁朝有位中书舍人,因为治家太过严厉、苛刻了,以致家人都畏惧他。有一回,妻妾犯了点小事,畏罪,竟出钱雇了个杀手,把中书舍人杀了。

唐太宗非常重视教育子女，李治被立为太子后，看到太子吃饭，太宗说："你知道饭是怎么来的吗？是农民们辛苦耕种、收获来的，要爱惜民力、不占农时，这样才能常有饭吃。"看见太子骑马，就说："你知道骑马的道理吗？马是代人劳苦的，不能太劳累它，得让它按时休息，这样才能常有马骑。"看到太子坐船，就说："知道乘船的道理吗？船好比是国君，水好比百姓，水能载舟，也能覆舟。"看到一棵弯树，就说："你知道这弯树的道理吗？树虽然弯曲，但木匠们能把它加工成直料，所以你要多听别人的规劝，就能成为好皇帝。"

唐朝末年节度使钟传，年轻时以勇猛闻名，有一回酒喝多了，在山里见到一只老虎，钟传竟然拎了一根大棒就和老虎打起来，正打得难分难解时，家里人出来找他，帮忙把老虎杀死，钟才得以活命。日后功成名就时，钟传教育儿子们说："大丈夫在世，凡事不能一味斗勇斗狠，而要有智有谋。我以前打虎的事，不但不值得效仿，你们更要引以为戒。"

很多家长从自己的生活经验出发，教育子女要心眼多，会钻营算计，总以为这样孩子到了社会上就不会吃亏。却不知道，一个人如果养成了自私自利的品性，总是算计他人，那么他迟早也会算计到自己家人头上。今天社会上司空见惯的兄弟、父子为利益而诉讼不已，往往就是这种教育观的结果。唐太宗时，高阳公主嫁给宰相房玄龄的二儿子房遗爱，虽然贵为公主，却仍总是挑拨丈夫和大哥房遗直争财产和官爵，太宗屡次严责也不管用。太宗去世后，公主和丈夫谋反，被处决。

有句老话讲："儿要穷养，女要富养。"不知道此话到底有没有道理，不过古代还真有一个反例。唐朝有位王姑娘，因为长得漂亮，被德宗皇帝纳入后宫。这位王姑娘，按说也出身官宦家庭，但生性俭朴，不喜富奢，对富贵也没什么向往之情，皇帝觉得很没面子，很受伤，骂她是"穷相女子，不懂得享福",竟然把她休了,而且还禁止她改嫁到富贵之家。

为人父母者,往往并不指望儿子做官要发多少财,更希望他平平安安做好官。唐朝监察御史李畬,发工资时,母亲发现多发了很多米,后勤人员解释:"这是常例,给干部发米,每升向来装得满。"母亲问送回家要多少运费,后勤人员说:"我们有规定,给干部送米,一向不收运费。"母亲很生气,把儿子教训一顿,让他退回不该得的。

唐朝,李景让为浙西观察使,将一名冒犯他的牙将当场打死,一时,军中骚动。李母一见,立即将李罚跪于众将士面前,大声斥责说:"朝廷将浙西托付与你,而你却借权来撒自己的威风!万一发生不测,你不但辜负了朝廷的重托,也辜负了三军将士的忠心!而老母亲就算死了,又怎么有脸面去见先人?"说完,令人剥掉李的衣服鞭打,将士们为之感动,纷纷替李求情。

唐德宗时期著名的大将李晟,虽为一介武夫,却从未忽视对子女的教育。李晟把女儿许配给吏部尚书崔枢为妻。一次李晟做寿,女儿赶来为父亲庆贺。酒宴中,侍女来报告说家里的婆婆病了,女儿不耐烦地把侍女打发走,自己继续和宾客们把酒言欢。李晟知道后很生气,命令女儿立即回家去照料婆婆,宴会结束后,李晟又亲自去崔家看望,并为自己疏于对女儿的管教道歉。

唐代丞相房玄龄深得当朝皇帝李世民的信任,任宰相达十五年之久,其女为王妃,子为驸马。房玄龄虽位高权重,但为官谨慎,治家有方,经常告诫子女,切不可骄傲奢侈,更不能以本家的威望权势欺凌百姓。为此,他专门搜集古今名人家诫,逐条抄录在屏风上,让子女们各取一套,时刻用这些家诫来约束自己的行为。

五代后晋时有个窦燕山,出身于富裕的家庭,从小就学会了以势压贫那一套,有穷人向他家借粮食时,他是小斗出,大斗进,小秤出,大秤进。到三十岁时,他痛改前非,办起了义塾,延请名师教课,穷人家的孩子可以免费来读。又把全部精力用在培养教育下一代身上,尤其注重他们的学习和品德修养。后来,五个儿子都很有出息:长子中进士,授翰林学士,曾任礼部尚书;次子中进士,授翰林学士,曾任礼部侍郎;三子曾任补阙;四子中进士,授翰林学士,曾任谏议大夫;五子曾任起居郎。当时人称"窦氏五龙"。

北宋时,谏议大夫陈省华的三个儿子都中了进士,且老大和老三都是当年的科考状元,后来老大和老二都做到宰相,老三擅长军事,做到节度使。陈家家教严而有方,即使儿子们都做了大官后,每当陈省华在家接待客人,三个儿子必须列成一排,站在一旁侍候。客人们往往受不了这么高级的待遇,浑身不自在,陈省华说:"没事,他们是学生辈,站着侍候是应该的。"

陈省华家的老三陈尧咨,曾经中过状元,擅长军事,是神射手,射箭百发百中。做某地郡守时,有一天回家,母亲问:"你这郡守当得怎么样?"陈答:"我天天给大家表演射箭,大家佩服不已,看得可开心了。"母亲大骂:"你做官不行仁政,不为百姓做事,不为国家出力,天天炫耀自己那点一技之长,有什么出息!"陈听后改正。

司马光编写《资治通鉴》时,其养子司马康也得以参加这项工作。当他看到儿子用指甲抓书页时,很严厉地予以训斥,教诫儿子:做生意的人要多积蓄一些本钱,读书人就应该好好爱护书籍。司马光教育儿子生活上要俭朴,穿衣只要暖和适宜就行,吃饭能填饱肚子就好,但也不要太过,故意穿得破破烂烂来博名声。又强调:"食丰而生奢,阔盛而生侈。""由俭入奢易,由奢入俭难。"

南宋抗金名将岳飞,对儿子们要求极其严格,长子岳云十二岁入伍,岳飞对他"受罚重于士,受奖后于士",即处罚时比别人重,奖赏时比别人轻。岳云在和金兵作战时屡建战功,岳飞却多次隐而不报,直到朝廷派人调查后,才予以追认。宋高宗下旨给岳云连晋三级,岳飞上表谢绝说:"许多兵士出生入死,顶多才升一级,我儿虽然立了一点功,怎么能够连升三级呢?"

宋代包拯堪称古代清官典范。包拯对清廉极为重视,对人、对己、对家庭都要求极严,认为这是做人为官的根本。他曾写了一则《家训》,刻在石碑上,警诫子弟:"后世子孙仕宦,有犯赃滥者,不得放归本家;亡殁之后,不得葬于大茔(坟墓)之中。不从吾志,非吾子孙。"

明太祖朱元璋最讲求节俭朴素。有一回下雨,两个太监穿着鞋在雨里行走,朱元璋大怒,说:"这鞋虽然不值什么钱,但也是一针一线制作出来的,你们竟敢如此不爱惜!"于是一人打了几十板子。后来又下令百官:下雨下雪的时候,可以披雨衣来上朝,免得损毁衣服鞋类。

大家庭,管事难,不过明太祖朱元璋有妙招。朱曾对宦官们下过一道命令:皇宫里禁止骂架打架,违者重罚,先骂人而又理屈的,鞭笞五十;不服管教者,杖六十;先动手而又理屈的,杖七十,打伤人的,罪加一等;后动手的,如果打伤了人,就算有理,也要鞭笞五十。

明太祖朱元璋一次见到宫里地上有掉了的细丝,马上把后妃们都叫来,给她们讲丝是怎么来的,养蚕织丝之不容易,然后下令:以后再有不爱惜者,一经发现,处斩。

明代南安知府张弼律己爱民,为政清廉,曾写一首《寄内》诗,谆谆嘱咐妻子:"莫把肥甘习口馋,清白传儿无我愧。"以此来要求家人,切莫因为享惯了福,就生出贪婪、骄奢之心,做人一定要清清白白。

明朝司礼监有个秦太监,权势很大,秦家子弟从小就袭封锦衣卫职位,个个骄纵、不讲礼,没有老师教得了他们。秦太监很发愁,找到一位余举人,请回家做老师。一见面,余举人不客气地坐了上席,旁人大惊,秦太监倒很高兴,说:"此人连我都不怕,肯定不会怕我家子弟。"果然,余举人对这帮贵家子弟严格要求,管得学生服服帖帖。秦太监感叹不已:"要不是这位先生,谁教得了我家子弟呀!"

清代大学士张英教导儿子张廷玉如何为人处世时说:"与人相交,一言一事,皆须有益于人,便是善人。"张廷玉牢记父亲教导,从小就熟读经书,待人宽厚恭俭,后来也做到大学士、军机大臣。再后来,张廷玉的儿子张若霭参加殿试时,中一甲第三名探花,张廷玉认为儿子还年轻,还要多磨砺,便恳请雍正皇帝将其子列为二甲。张若霭后来在南书房、军机处任职,尽职尽责,谦恭自处。人们都称赞张家家风淳厚,祖孙三代都为官清廉、人品端正。

春秋时期有个故事:父亲要将病弱的祖父,装进筐里,遗弃深山。儿子听说后,哭泣不允,但父亲最终还是将老人送进山里。临走时,儿子拾起筐,父亲问为什么,儿子回答:"等你老了,我再用这个筐把你送来!"父亲大怒,说你怎么能说出这种话。儿子说:"父亲怎样教育儿子,儿子就怎么做!"父亲悔悟,将老人接回家。

北魏房景伯任清河太守时,一妇人告儿子不孝。房母得知后,将妇人和她的儿子招来,同自己一起居住。期间,妇人的儿子看到房作为一名官员,对母亲却是毕恭毕敬。于是认错请求回去,可房母不允。过了二十多天后,妇人的儿子不停地给房母叩头认错,以致流血,房母这才放归。后来,妇人儿子孝名闻乡里。

明朝文学家、《小窗幽记》的作者陈继儒,把秀才比作未婚女子,认为这时候要少接触外人,专心向学;中第做官后,好比是媳妇人家,这时候正是事业有所成就之际,要开始出成果;退休以后,就好比婆婆了,重要的是教育子弟。把这里的秀才、做官、退休三阶段,分别看作人一生的青年、壮年、老年三阶段,其实也是非常相宜的。

中国医学古典《黄帝内经》中,有一段关于教子的"七不责":对众不责,不在大庭广众之下责备孩子;愧悔不责,孩子做错事是难免的,如果他已经为自己的行为感到惭愧后悔了,大人就不该再责备他;暮夜不责,即晚上睡觉前不要责备孩子,孩子带着心理压力进入梦乡的话,会影响休息;饮食不责,吃饭的时候不要责备孩子;高兴不责;悲忧不责;疾病不责。

孟子童年时,父亲就已去世,他与母亲相依为命。刚开始,他们住在一座坟岗附近。孟子看见送葬的各种情形,他也学着玩。孟母见了,将家搬到一集市附近。看见集市里的人吆喝卖东西,孟子又跟着学。孟母见了,又将家搬到学堂附近。此时,孟子开始学礼认字。孟母说:"这才是我孩子应该居住的地方!"将孟子送进学堂。

孟子小时候放学归来,母亲正在织布,问道:"学习怎么样了?"孟子漫不经心地回答说:"老样子。"母亲很生气,就用剪刀把织好的布剪断,训诫儿子说:"你现在荒废学业,就如同我剪断这布一样。剪断了虽然还可以重织,但花费的工夫就大得多。"孟子听了以后,从此勤学不止。

汉元帝时的丞相匡衡,小时候勤奋好学,家里却贫寒到点不起灯。匡只好在自家墙壁上凿个洞,让邻家的光照进来读书。凭此,匡饱读诗书,终成就一番事业。

汉朝酷吏张汤，父亲是长安小吏。幼时某次，父亲回家发现猪肉没了，就责打张。张愤恨，挖洞，发现剩下的猪肉及老鼠。张将老鼠捆住，审讯起来。最后，张写了一张判决书，将老鼠处死。判决书老练得如干练狱吏，张父大惊，于是教张法律。

北宋名相寇准，年少时不爱学习，只顾着玩，飞鹰走狗，什么时髦玩什么。母亲虽然管教严厉，却也拿他没办法，有一回气急了，抓起秤砣就砸向儿子，结果砸在脚上，鲜血直流。自此之后，寇准洗心革面，发奋学习。寇准做上大官时，想起已去世的母亲，常摸着脚上的伤疤痛哭。

北宋欧阳修是杰出的文学家和史学家。欧阳修四岁时，父亲去世，家里生活非常困难，母亲郑氏一心想让儿子读书，可是没有钱供他上学，郑氏左思右想，决定自己教儿子。她买不起纸笔，就拿荻草秆在地上写字，教儿子认字。这就是历史上有名的"画荻教子"的故事。

北宋大文豪苏轼，在家庭教育上也别具一格。一天他和儿子苏迈聊到鄱阳湖畔石钟山的名称由来，苏迈从古书中找出许多说法，如"水石相搏，声如洪钟"，"得双石于潭上，扣而聆之，南声函胡，北音清越，止响腾，余音徐歇"等。对这些说法，苏轼都觉得是牵强附会，便拉着儿子亲自去实地考察，才发现"石钟山"名称真正的由来。苏轼谆谆教导儿子：凡事要多实际求证，"事不目见耳闻，而臆断其有无"，是不可能找到正确答案的！

东汉末年，四岁的孔融和哥哥一起吃梨，他拿了一个小的。人们问他为什么，融答："我比哥哥小，就应该拿小的。"众人感叹。

东汉末年,孔融受人诬陷谋反,曹操派人逮捕孔。兵士进孔家时,孔的两个八九岁的儿子正在下棋。孔请求放了自己的孩子,但孔的两个儿子站起来,淡定地说:"父亲大人,鸟窝打翻了,还能有完好的卵吗?"("覆巢之下,安有完卵?")从容与父亲共赴难。

东汉,十一岁的陈元方拜访一大臣。大臣说,他与陈的父亲治理地方的方法相同,不知是陈的父亲学他,还是他学的陈的父亲。陈巧答:"周公和孔子,是生活在不同时代、不同地区的人,但都有济人之心。君与我父,与先圣是一样的情况。"大臣赞叹。

北宋大臣富弼家举行葬礼,期间摆出许多银光闪闪的锡器陪葬品。围观的人啧啧称奇,以为是银器。当时范仲淹的长子范纯佑,才十几岁,他拿起其中一件器皿,用手掰断,然后大声说:"你们看见没,这些都是锡的!"富弼家人愤怒责问,范回答说:"若别人都以为是银的,就会有人去盗墓,难道你们不怕吗?"富弼家人醒悟,感谢不已。

南宋时,荆湖制置使赵某奖赏将士,将士认为太少,心有不满,准备闹事。制置使十二岁的儿子赵蔡大呼:"将士们别急! 这是朝廷的赏赐,我父亲另有重赏!"一听这话,军心安定。

五千年的历史，是五千年来劳动人民生活智慧的点滴传承，今天我们所了解的各种常识，都是老祖宗们在日常生活中发现、发明的结果。本期话题：卝无处不在的生活智慧卝。

@ 话题二：无处不在的生活智慧

东汉伏波将军马援，得罪了光武帝刘秀的亲信，死后被追缴封号，马家地位一落千丈，平素常受权贵们欺辱、冷落，三个女儿原定的亲事，也纷纷被退亲。侄子马严，愤怒之下，向皇帝请求送自己的堂妹们入宫，为诸王姬妾，以图振兴马家。后来马家的三女儿成为太子妃、皇后，马家果然再起。马严的奏章中有一句话："人情既得不死，便欲求福。"这话真是至理名言：人面对死亡时，什么都是浮云；但一旦死亡的威胁解除，刚喝下一口水，各种欲望又附身了，像万能胶一样，赶都赶不走。

西汉景帝宠爱栗姬，一次和栗姬闲聊，说："等我死后，相信你会好好对待我的其他皇子们吧?"栗姬没听懂皇帝的弦外之音,浅薄的劲头上来了,反而使劲向皇帝抱怨皇子和他们的母亲如何不好。景帝很郁闷,又失望,本来已经立了栗姬所生的儿子为太子,不久就把他废了。可怜的蠢女人,一门心思只想着自己那点鸡毛蒜皮的烦恼,不仅丢了自己的前途,连带把儿子的前途也给弄丢了。

南方有人给曹操送来一只山鸡。曹令人想办法让山鸡跳舞。一官员七岁的儿子仓舒出来说自己能。他让人在山鸡面前放置一面大镜子。山鸡从镜子中看见自己鲜艳的羽毛后,便翩翩起舞。镜子里的像随之而舞。山鸡看见,越跳越欢。操大喜,重赏仓舒。

谁也不能保证生活会一直甘甜,如果只能在先甘后苦和先苦后甜中间二选一的话,相信很多人都会选择先苦后甜。这不仅是因为人们认可年轻时应该吃吃苦,而且,吃过苦之后,甜就会觉得更甜。东晋人顾恺之,吃甘蔗时喜欢从甘蔗尾部吃起(尾部没有根部甜),别人问起,顾解释说:"这叫渐入佳境。"

人活着,不只是要活得长,也要活得有情有义,享受生活的美好。宋朝有个道士,九十多岁了还腰不酸腿不疼,身体、精神倍儿棒。杭州知州蒲传正向他请教长寿的秘诀,道士说:"我的秘诀就是,断绝女色。"蒲很为难,最后说:"如果是这样的话,活上一千岁又有什么意思呢!"

东晋书法家王羲之辞官归家后,和一些朋友一起享受游山玩水、泛舟垂钓的快乐,又跟道士许迈一起修炼服食丹药,不远千里,四处采摘名贵药材。他在东部和中部各郡游览名山,泛舟海上,大发感慨:"我终会因为快乐而死去啊。"

　　唐时，一妇人随丈夫到南方，不小心误吞一虫。妇人忧虑虫会在肚中作怪，回长安后竟然抑郁成病。请了许多郎中来看，始终不见好转。后来请到一位，知道妇人肯定是害了心病。于是，郎中叫来妇人的一位老女仆，告诉她等一下，他会用药让妇人呕吐，女仆用盆子接着。然后告诉她家女主人，看见一只小蛤蟆吐到盆中，并迅速逃走。郎中叮嘱女仆一定不要泄露说是假的。女仆照办，妇人的病马上痊愈。

　　人活着是为了什么？答案靠自己想。北宋宋庠、宋祁两兄弟，年轻时很穷，晚上读书累了，只有腌菜泡冷饭吃。兄弟俩后来都做了大官，宋庠官至宰相，宋祁做到工部尚书。做官后两人的生活作风不一样，宋庠仍然保持未发达时的俭朴，宋祁则穷奢极欲、诗酒娱乐。宋庠劝弟弟："你还记得以前读书时，我们一起就腌菜吃冷饭的日子吗？"宋祁回答："以前就腌菜吃冷饭，为的不就是今天的享受吗？"

　　将心比心，谁也不可能永远得势。明朝人黄淮，曾官至首辅（宰相），有一年为给父亲立块神道碑，选来选去，看上了某坟头上的一块碑石。坟主叫高世则，是北宋、南宋之际的大臣，据说还是宋朝宗室子弟。当朝宰相看中了前朝大臣的碑石，没得说，高家不敢有二话，于是去锯碑。怎么锯呢？就是留一半、锯一半，留着有碑文的那面。快锯完时，高家有个后人过来说："宰相您锯得太薄了呀。"黄不解，来人又说："您锯这么薄，就怕后世有人再锯上一次，您这碑就薄得没法看了！"

　　如果天上真有馅饼掉下来，那人早就被砸死几百了。西晋著名文学家王戎，七岁时，与一群小朋友，在一路旁李树下玩耍。小朋友纷纷上树摘李子，只有王不动。他说："大路边的李树，李子如果甘甜，早就被摘光。而还保留这么多，肯定是苦涩的。"玩伴们一尝，果然。

明朝末年,农民起义军首领张献忠当政四川,一天,出告示说:"陈妃娘娘想斋僧,大僧赠银十两,小僧赠银六两,欢迎各界僧人踊跃前来。"和尚们听了高兴得不得了,有人更是去寺院请求火线落发为僧,许诺将得来的钱分一半给寺院。到了这一天,几万真和尚、假和尚、大和尚、小和尚,都跑来领银子。张献忠命人把门一关,每十个僧人绑一根绳子上,统统杀掉。多少贪图赏赐的人,就这么白白死了。

老话常说"相由心生",如果一个人心地淳正,就算本来长得丑,大家看他也不会觉得不舒服。北宋王旦"面偏",大概是面部长得不匀,一边大一边小。有相士说,此人将来会当宰相、富贵无比。旁人说:"王旦长成这样还能富贵?"相士答:"当了宰相后,面部会自己正过来。"

古人很讲究取名的学问,甚至以为改名就能改运,这固然有点太迷信了,但给人取名,要求吉祥,还是必要的。清朝有个科考状元叫"史求",名字报到皇帝这里时,皇帝一看,"史求"同音"死囚",这样的人怎么能做状元呢,大笔一挥,勾掉。又看到二甲第九名叫"戴长芬",喻义"天长地久、代代兰芬",一高兴,立即点为状元。

只要善于观察,生活中的智慧是无穷的。晚清大臣林则徐,有四本通讯录:以姓氏笔画为分类标准,姓氏第一笔是一撇的,放在题为"千"的通讯录里;第一笔是一横的,放在题为"古"的通讯录里;第一笔是一点的,放在"江"里;第一笔是一竖的,放在"山"里。四本通讯录,既利用了中国汉字的特点,合起来又是"千古江山"四个字,气势宏大。

春秋战国时,鲁班上山伐木,一不小心被野草割破手。鲁班仔细一看,见草长长的,边上有许多锋利的小齿。受此启发,鲁班回家后,在一长铁片上,锉出小齿。于是,发明了锯。

南宋奸相秦桧,坐交椅时头总是向后仰,以至头巾坠落。官员吴渊为了拍秦桧的马屁,特地在交椅后部装上托背,"太师椅"也由此诞生了。

据说中国的抽水马桶原型,是明末清初大文人李渔发明的。李渔写作时,因为内急,要上厕所,但美妙的文思不等人,等跑出去上完厕所再回来,文章的灵感也就没了。所以李渔自己动手,在家里安装了一个排泄物处理系统:接一根竹管子,从屋里通到屋外,内急时就在屋内解决,再用水一冲,秽物通过竹管子排到了屋外。

清将赵良栋,奉命进军四川。抵达密树关时,军队已经安营扎寨。但赵急令转移。夜幕降临,众将不愿。赵下令违者斩,大家这才遵命。刚转移完,下起大雨,将刚才的地方变成汪洋。众人惊奇。赵说:"你们惊奇什么?本将只不过看见蚂蚁纷纷搬家,知道地下燥热,肯定要下雨罢了!"

春秋时,齐军打败山戎后返回。沿途天气干燥,缺乏水源。此时,谋士隰朋建议说:"蚂蚁冬天于山坡阳面筑巢,夏天于山坡阴面筑巢。但它们从来没有被渴死。这说明,不管冬夏,蚁穴都建在有水源的地方。所以,只要能找到蚁穴,肯定就能找到水源。"于是,士兵纷纷寻找蚁穴,因而找到水源。

春秋时,齐桓公率军攻打孤竹国,中途于山谷迷路。此时,一旁的国相管仲向桓公建议,挑选几匹老马,让它们在前面走,大军跟在后面。桓公照办。果然,大军在老马的引领下,顺利走出山谷。

战国时,名医扁鹊给蔡桓公看病。第一次,扁对桓公说:"国君,您有病在皮肤,如果不及时治,恐怕要恶化!"桓公拒绝。第二次,扁对桓公说:"国君,不好了,你的病已经进入血液,再不治,就非常危险!"桓公无动于衷。第三次,扁见到桓公大惊:"您的病已经深入肠胃,再不治就没救了!"桓公根本不理。第四次，扁一见桓公，扭头就走。桓公派人打听，扁说桓公病入膏肓，时日不多了。不久，桓公薨。

战国时，一人为齐王养斗鸡。三十天后，齐王询问情况。养鸡人说："大王，差不多啦。现在斗鸡骄气没了，心神安定了。虽然别的鸡一再寻衅滋事，但它一动不动，像只木鸡一般。这样的鸡，别的鸡一见就会吓住！"果然，该斗鸡是战无不胜。鸡如此，人也是这样啊，"任尔东南西北风，我自岿然不动"的人，最可能出成绩。

韩信幼时非常聪明。有一次，韩看见两个卖油的闹着要散伙分油。油缸里有十斤油，但他们只有一个三斤量的葫芦和一个七斤量的瓦罐。分不均，两人争吵不已。韩告知他们：先两次灌满葫芦，倒进瓦罐，再第三次灌满葫芦，然后将瓦罐灌满。这样，葫芦里只剩两斤油，瓦罐里有七斤油，缸里有一斤油。将瓦罐中的油倒进缸里，葫芦中的油倒入空瓦罐，最后用空葫芦灌满油倒进瓦罐。这样，缸里和瓦罐里各有五斤油。两人照办，果然。

东汉洛阳城，大街上，一乡民与一卖寒具（寒具，古代油炸面食名，又称"馓子"）的相撞，寒具掉在地上，摔得粉碎。其实只有五十个，但卖寒具的说是三百个。两人相持不下，来到京兆尹衙门。京兆尹孙宝，于别处买了一个寒具，称了一下重量，然后再称碎寒具。后者除以前者，正好五十个。立即判如数赔偿。

东汉末年，孙权送曹操一大象。曹问侍从用何办法可称象重，无人能答。五六岁的曹冲上前说："父亲，将大象放于船上，在船身浸水的地方刻上记号。再将大象卸下，放上石头，直到水漫到记号处。然后再称石头的重量。这样，大象的重量不就知道了吗？"操大喜，连夸儿子聪明。

隋炀帝下江都,乘坐的大龙舟,在运河行进时,时有搁浅。大臣虞世基建议:"陛下,您可以令工匠造一只铁脚木鹅,长为一丈二尺。造好后,让它从上游往下去,木鹅停住的地方,肯定是水浅之处。陛下龙舟就可绕行。"隋炀帝照办,顺利到达江都。

唐朝开元年间,洛阳一寺庙老和尚的屋里,铜罄会自动发出声音。老和尚以为妖怪作孽,惊吓而病。曹绍得知后,拿把锉刀在罄上锉了几个豁口,从此自动发音的事消失。老和尚奇怪,询问原因。曹说:"铜罄之所以会响,是因为它的音律与寺里的钟相同。钟一敲响,铜罄跟着也就响啦!现在我锉了口,破坏了他们的共振,所以就没有啦。"老和尚叹服。

唐太宗时,一婆罗门僧人来到长安,说他带来的佛牙能敲碎任何物体,一时间,观者如潮。太史令傅奕听说后,对儿子说:"我听说金刚石质地坚硬,只有羚羊角能打碎它。"于是,叫儿子带上羚羊角,将僧人的"佛牙"敲碎,揭穿了僧人的谎言。

北宋元丰年间,陈州有个老妇自称"仙姑"。她宣称百姓只要交钱,再进门前用净水洗一下眼,就能看见她的丈六金身。许多人纷纷去看,果然。本地县尉也偷偷来看,但进门时,他只洗了一只眼。进到屋里,他用洗了的眼观看时,真的看见灿烂闪光的金身。但用没洗的眼观看时,却只见一老太婆坐于大竹篮里。县尉立即将"仙姑"和"净水",一并带往县衙,一审讯,"仙姑"是个骗子。

南宋时,广东经略安抚使胡颖,得知潮州有一条神蛇。当地传说,以前几任知府,因为没有前去祭祀蛇,而遭殃。胡下令庙里的和尚将蛇运到广州。运到后,胡对蛇说:"你要是真有神灵,三天之内给我显现出来,不然就是谎言。"三天后,并未显灵。胡下令斩蛇、拆庙,并将和尚绳之以法。

　　宋真宗时,一宫殿失火,被烧为一片废墟。真宗下令大臣丁谓负责重建。丁到现场一勘察,发现有三大问题:一、用土量大,且需要到很远的郊区去运。二、需要大量的各类建筑材料。当时,各地的物资只能运到汴河,要运到皇宫,还需要许多车马。三、大片的垃圾需要清理。但不久,丁想出一妙计:先让人从废墟到汴水之间,挖几条大沟。这样就解决了用土问题,以及从汴河把材料运到废墟的问题。待工程完成后,再将所有的垃圾倒入沟内,重新填为平地。计划一实施,节省了大量经费和人工。

　　宋时,黄河泛滥,将河中府(今山西永济县)拴浮桥的八只铁牛冲走。水退后,修复浮桥,可八只重达万斤的铁牛无法捞上来。此时,一和尚建议:首先,摸清铁牛在河底的位置,然后两船并列在一起,中间横捆一粗大木。其次,两船装满泥沙,使它几乎与水面齐平。再将一粗绳,一头绑在木棒上,一头绑在铁牛上。绑好后,将船上的泥沙全部扔入河中。这样,船慢慢上升,铁牛也就随之浮起。一实施,果然。

　　明成祖于南京钟山,为明太祖立功德碑。碑身高大沉重,而驮碑的龟趺(刻作龟形的碑座)又太高,碑难以放置到龟趺上。此时,成祖命人在龟趺四周筑土台,直到与龟身齐平。然后,从土台上将功德碑放在龟趺上。最后,再将土清除。

　　清乾隆时,河北沧州一寺庙被大水冲垮,门前的一对大石狮子也被冲进寺前的河里。十几年后,和尚重修寺庙,在河中打捞石狮子,没找到。一老河工建议说:"石狮子应该在河的上游。石狮子十分重,从上游流下的水,肯定冲不动,只能向它两边流去。这样,石狮子底前的沙子不断被冲走,形成一个大坑。石狮子失去平衡,就会向后倾倒。不断循环,石狮子就会一直向上游走。"一找,果然在上游。

好听的音乐能提高人的工作效率。春秋战国时，宋国与齐国作战，宋营建练兵场。有次，一位名叫癸的歌手，在工地放声歌唱动人的音乐，使民工干活精神倍增，忘记疲倦。宋君听说后，召见癸赏赐，癸推荐自己的老师射稽。但结果是，民工感到非常疲倦。宋君责备癸，癸说："国君，请您看一下实际效果。我唱歌时，他们一天只筑了四版墙。而我老师唱歌时，却是八版墙，而且墙也坚固多了！这一切都是因为我老师唱得太好，令大家工作得太忘我啦！"

一日，孔子弹琴，曾参告诉子贡，老师的琴声里充满贪恨和邪僻。子贡将这话转告了孔子，孔子说："参真是很懂音乐啊！刚才弹琴时，恰好有只猫弓着腰，在伺机捉老鼠。我就是用琴声表现了猫的表情，参说琴声里有贪恨和邪僻，不是很合适吗？"

楚汉相争时，萧何向刘邦举荐韩信。刘邦交给韩信一块帛绢，说韩能画多少兵，就给韩多少兵。第二天，韩交给刘，刘一看，只见绢上有一座城楼，城门口一匹战马刚露头跃出，一面帅字旗斜出。表面虽然没有一兵一卒，千军万马可以想见。刘心服，将全部兵马交给韩。

三国时，著名画家曹不兴，给吴大帝孙权画屏风，失误在绢上滴落一小墨点，曹就索性在上面添了几笔。几天后，孙权一看，见屏风上画有一篮杨梅，引来一只小苍蝇，就伸手去捉，结果发觉是画上去的，连连夸赞精妙。

魏明帝曹叡，在洛水边游玩，见河中有很多可爱的水獭，就想捉几只。但水獭见人就逃，很难捕捉。随侍的丹青高手徐邈，建议在木板上画两条鱼，放在河畔。结果，水獭上岸吃鱼，被逮住好几只。明帝连连夸赞徐。

东晋时，一人带孩子向王羲之的孙子智永，讨要学习书法的秘诀。智永想了一会,用毛笔写了一个方方正正的"永"字。"永"字,横竖撇点捺挑钩折笔画都有,有利于孩童练习书法的基本功。这就是后世练习书法的"永字八法"。

爱和恨,往往只隔一线,爱得越深,也就可能恨也越深。东晋大臣郗愔之子郗超将死时,把一箱文书密封起来,交给家人嘱咐,父亲如果过于悲痛,就打开给父亲看。白发人送黑发人,郗愔非常悲痛,但当看到儿子临死留下的文书,全是与桓温谋划叛逆的事时,郗愔大怒说:"死晚啦!"于是,不再难过。

南齐吏部郎刘瑱的妹妹,嫁给鄱阳王为妃。鄱阳王后被齐明帝所杀,刘瑱的妹妹很伤心,得重病医治无效。刘请画家殷茜画了一幅画,上面是鄱阳王与另一妃子,在一起亲昵照镜子的情景,刘的妹妹一见,妒火中烧,骂道:"呸! 负心汉早该死!"从此不再伤心,病渐好。

南朝梁武帝时,隐士陶弘景隐居在江苏句曲山。后梁武帝几次请他出来做官,陶画了两条牛:一条牛,在水边吃草,悠哉乐哉;另一条牛,嘴上戴着金笼头,前面有人牵着它走,后面有人用鞭子抽它。武帝看后,就不再勉强。

唐末沙陀族酋长李克用,一只眼瞎掉,人称"独眼龙"。一天,李让一画家给他画像,并说如果不美观,就要立即处死画家。画家想了想,画成一幅李右臂执弓,左手捻箭,歪着头,闭着那只瞎掉的眼睛,正在检查箭杆弯直的情景。李见了大喜,赏赐画家大量金帛。

五代后蜀孟昶,得到一幅唐吴道子画的钟馗像。画面上,钟馗蓝袍赤脚,闭一只眼,正用左手抓着小鬼,右手食指挖小鬼的眼珠,形神俱备。孟昶要著名画家黄筌,另画一幅:其他保留,只把食指改成拇指。黄完成后,却与原画截然不同。孟责备,黄答:"吴道子的,都是根据食指来画全身的姿态和表情,现在陛下要臣改拇指,自然就不同了!"孟觉得有理。

宋徽宗置皇家画院,向全国招丹青名家,并且自己亲自主持考试。一次,徽宗出题"深山藏古寺"。所有的应考者中,有一位的画面上根本没有出现寺庙,而只是一名老和尚,于山脚的小溪旁挑水。徽宗看了拍案叫绝,立即将画者录用。

宋徽宗时期,一次,以"踏花归去马蹄香"为题,考应招宫廷画院画者。一般人都画人在花丛中骑马穿行,只有一位画的是:一匹骏马,在花丛旁缓行,后面几只蝴蝶紧追不舍。主考官大叫绝。

北宋宫廷画院考试画者,有一次,以"竹锁桥边卖酒家"为考题。应试画者中,都在酒馆表现上下工夫。而画者李唐,只是在桥头画了一片翠绿的竹林,竹林前悬挂着一个酒幌。主考官啧啧称奇,李唐被评为第一。

北宋书画名家宋子房,为皇宫画院博士。有一次,他主持考试,出题"野水无人渡,孤舟尽日横"。其他的人,都不敢在画面画人,只有一名画者,在船尾画了一个卧吹笛子的船夫。此画别出心裁,匠心独运,被评为第一。

北宋东京,有人在街上叫卖名画《百马图》。其中有一匹红鬃骏马吃草时,圆睁着双眼,甚是"传神"。大家争抢着要买。突然有人抖开一幅画,说这才是正品。众人一看,两幅画几乎没有区别,只是后者吃草时,马的眼睛是闭着的。那人解释说,马在草丛中吃草时,怕草刺伤眼睛,两眼会本能闭合。卖赝品者一听,逃之夭夭。

北宋欧阳修,得到一幅古画:一丛牡丹,下面卧着一只猫。邻居吴育见了说:"这画画的是中午时光。你看,花瓣虽然已经盛开,但显得很是干燥,猫眼也眯成一条缝,这都是中午的表现。"欧阳修一听有理,立即将画挂于墙壁。

　　明嘉靖年间,进士侯钺出门被绑架。在被羁押期间,侯钺天天与强盗们热心地聊天,记住了每个强盗的相貌。被赎回家后,侯将强盗的样貌全部绘出,交给官府。最终,强盗全部落网。

　　清乾隆年间,才子庞振坤与朋友去汉口卖画,被当地提督的儿子,以几个铜板强买去几幅佳作。后来,庞让朋友画了几幅不同日期的月夜图,做成古画,然后在提督衙门附近住下。每夜两人挂出不同的月夜图,但对外声称画能随夜变化。提督得知后,死缠烂打,以一千两银买下。待知道上当后,庞与友人已经无影无踪。

　　清代著名画家李方膺,一次去好友家做客。席间,有人感叹风不可画,李说好画。于是,提笔画"风":一簇茂密坚韧的竹子,向一边强劲地倾斜着。大家一看,真好像有一股风从竹林呼啸而过。齐齐称妙。

　　明弘治年间,广东一渔民出一上联:"沙马钻沙洞,沙生沙马目。"让七岁神童曹宗对。并说只要对出,就送一条大鱼。曹宗立即应道:"水牛食水草,水浸水牛头。"渔民以为曹宗小孩子,力气弱,故意送他一条十多斤的大鱼。曹宗用绳子拴住鱼鳃,然后顺着溪水拖回了家。

　　明时,山阴神童徐渭路过一石桥,一满载稻草的小船,因草堆高出桥洞半尺,过不了桥,堵塞繁忙水路。小徐渭建议往船中放些水,直至吃水增加半尺。船工照办,顺利通过石桥。

　　清某地神童蒋坚,一日与叔父游玩寺庙,听说有和尚被杀,衙役正在勘察。小蒋坚观察了一会说："凶手就是正在念经的老和尚，因为他一边念经，一边在东张西望，心神不安。"告知衙役捉去审问，果然。

　　唐朝郴州，牧童欧寄放牛，被两强盗绑架。欧寄浑身发抖，"极度恐惧"。强盗见了，就放心喝酒。一会，一强盗摇摇晃晃走了，一强盗醉倒在地。欧寄拿起一把刀将躺在地上的强盗砍死。但被另一强盗撞见。于是，欧寄就说自己现在属于强盗一个人了，强盗罢手。后欧寄又设计将这强盗杀死。

　　北宋名相文彦博，幼时与一群伙伴玩皮球，皮球不小心落入一大树洞里。洞很深，伙伴们怎么也拿不出来。文彦博一看，往里面灌水，一会皮球就浮了上来。

古代没有企业，管理学也用不上，他们发财，多是靠着细心的观察、有利的时机、灵机一动的聪明，因此古人的生财之道，可谓怪招百出、五花八门。本期的话题：#一本万利的生财之道#。

@ 话题三：一本万利的生财之道

齐桓公某年,粮食丰收,有官员借机囤积,准备日后粮荒时卖高价。桓公担忧,于是请教管仲对策。管说,他经过街上时,看见一平民新建两座谷仓储粮,建议桓公重金聘请那位平民为官,那样问题就解决了。桓公采纳,果然,齐国百姓纷纷建仓储粮,粮食市场波澜不惊。

东晋建立初期,国库空虚,只有数千匹丝绢,财政很是困顿。丞相王导于是与群臣商议,每人制作了一套丝绢单衣。官员和读书人见了,纷纷效仿。于是,丝绢价格暴涨,每匹丝绢卖到一两黄金。王立即令国库出售丝绢,财政有了大大的改善。

唐朝自玄宗以来,大量外国使者滞留长安,为此,唐政府需每年支出大量的钱财供养,财政甚是困难。而使者中大部分人,却通过做生意成了富翁。因此,大臣李泌建议废除外国人的津贴。外国使者纷纷投诉,李说:"使者哪有几十年不回国复命的,你们愿意归国的归国,不愿意的,朝廷可以给安排工作,从此你们就是大唐子民。"使者们不愿回去,只好答应做事。这一改革,财政每年节省五十万钱。

宋仁宗时,吴州一带闹大饥荒,民不聊生。治理浙西的长官范仲淹,对各大寺院主持说:"现在闹饥荒,民工工钱低,正是整修寺院的好时机。"于是,各大寺院纷纷大修寺院。后范又采取翻修官舍与官仓等措施。这样,政府基建工作大有成绩,吴州百姓也人人有饭吃。

明星效应的商业潜力大。东晋时,丞相谢安一同乡回乡,临行前向他告别。谢安问同乡可有回乡盘缠,同乡说:"手上没有现金,只有五把蒲葵扇。"谢随手拿了一把扇,逢人便拿出来晃一晃。不几日,士人争相高价购买谢的同乡手中剩下的蒲葵扇。于是,同乡一下子便变得盘缠充足。

唐朝著名方士桑道茂,帮人算卦,生意非常好。有个老太婆,在桑的卦铺旁边摆了个摊,也帮人算卦,生意也非常好。来人都先找桑大师算卦,离开时又让老太婆给算一下,老太婆有个特点:桑说吉,她就说凶,桑说坏,她就说顺。两人之中,总有一个人的算卦是准的,所以两人的生意都很好。

唐朝时,汴州有一座相国寺,一日传出所供奉的佛像竟然有汗珠渗出。节度使刘元佐立即亲自到寺庙顶礼膜拜,并且捐献金帛。中午,刘夫人又来到寺庙进香捐钱。第二日,刘举行法会,州内官宦富商纷纷前往献金膜拜。十天后,共得金好几万,刘全部纳入府库。

唐人夏侯彪之到新昌县城当县令,唤来里正(乡村一级管理员)问:"鸡蛋一钱可以买几个?"里正回答:"三个。"又问:"买一只鸡多少钱?"回答:"三十钱。"夏侯县长于是让人取来一万钱买了三万个鸡蛋,对里正说:"我现在不需要鸡蛋,暂且寄放在你们那里让母鸡孵化,孵化成三万只小鸡,长成大鸡,你们替我把鸡卖掉,半年时间,就能赚九十万钱。半年后,你把钱给我送来。"夏侯县令真是个赚钱高手!

宋徽宗时,奸相蔡京当道,很多文人学者的著作都成为禁书,朝廷甚至重金悬赏禁止苏轼的诗文,赏金最高时竟达到八十万钱。不过也因此,民间把苏轼诗文集当做奇货可居的宝贝,有位苗太守,把苏轼题写的一件碑文悄悄摹印下来近千件,然后下令砸碎碑刻,致使碑文摹本市价倍增。苗太守靠出售这些摹本发了一大笔财,成为一方巨富。

以盗墓为致富术,历史上很早就有。宋金时期,南宋王朝的叛徒、金国人立的傀儡皇帝刘豫,在市场上发现一精巧异常的玉碗,刘豫眼睛尖,知道这是非凡之物,一审,果然是从北宋皇陵中盗来的。此后刘豫就发现了一条生财之路,即挖别人家坟,盗别人家墓。

清朝高士奇在翰林院任职时,经常在口袋里装满金豆子,以此向宫中近侍收购康熙皇帝的消息,侍者每说一件皇帝的爱好和起居,高士奇就回报他一颗金豆。很快,高士奇就成了朝中的包打听,没有他不知道的"最新消息"。其他大臣们想知道什么内幕消息,都要来找高士奇打探,高士奇也收费,一个消息收高出一颗金豆子几倍的价钱。因为这,高士奇很快就发了财。

古代生产力不高,粮食生产是头等大事,而商人是不事生产、只管低进高出赚差价的,所以古代官府多采取抑商政策。春秋战国时的大商人范蠡,对商贾之事有一个总结:"贾人夏则资皮,冬则资绣,旱则资舟,水则资车,以待乏也。"就是说,商人夏季购入皮货,冬季购入细麻布,旱天购买舟船,天涝购买车辆,再伺机卖出。后世商贾之人也大抵以渔利为根本,善于囤积居奇,伺机获利。

赵国灭亡时,卓氏夫妻被流放到蜀郡。其他犯人都拿着自己的积蓄贿赂官吏,请求把自己迁徙到近一点、条件好一点的地方居住,而卓氏一家则主动要求去一个很偏僻的地方。原来那地方的百姓善于经商,而且那地区富藏铁矿。卓氏在那里开矿炼铁,铸造铁器,生意越做越大,卓家也终成为一方大富豪。

战国大商人白圭,在经商上很有成就,并开设了一家商学院,专门培养商业人才。商学院的院训就是"人弃我取,人取我与",比如在丰年粮价低廉时收购粮食,到歉年粮价上涨时出售,从价格差中获得成倍的利润。在如今社会,物产丰富了,丰年、歉年物价差别不大,不过白圭开设经商培训班的生意,应该还能赚大钱。

"国际倒爷"吕不韦,在赵国邯郸发现了作为人质的秦国王孙异人,立刻跑回去咨询老爸:"种田能获利几倍?"答:"十倍。""经营珠宝能获利几倍?""百倍。""扶立一个国王呢?"父亲也算不过来了:"大概会很多很多吧。"于是吕不韦投资异人,终获成功,官至丞相,赚钱不计其数。

秦朝末年,边疆某县衙解体,县库无主,众人纷纷去抢夺库中储存的大量金银财宝,唯独粮仓无人问津,因为在众人眼里,粮食哪有金银值钱,况且兵荒马乱之时,粮食也没法大量携带出行。但有一位任某认为,不管你是千万富豪还是亿万富豪,饭总是要吃的,于是将粮仓中的粮食运到自己家里藏起来。由于连年战乱,粮食越来越贵,那些曾经抢到珠宝的人,纷纷拿珠宝来换粮食,任某因此一家温饱无虞,且富甲一方。

　　司马迁在《史记》中指出:"穷人要想发财致富,种田不如做工,做工不如经商。"战国末年,甘肃省平凉地区有位牧人,以放牧牛羊为生,勤勤恳恳十几年,只能混个一家人温饱。后来牧人卖掉牛羊,到中原地区购买了大量精美锦缎,运回西域销售,获利十几倍,很快牧人就有了满山满谷的羊群了。

后 记

　　作者少年时代僻处乡下,图书难得,不知道从哪里竟得来一部清代袁枚所著《随园诗话》,不由得视为珍宝,常常捧读。晒着暖阳,和着春风,躺在石板凳上,读着书中那些短而有趣的通俗文言,顿觉美味无穷。

　　长大了才知道,像《随园诗话》这种文体,可统称之为笔记。古人写文著书,常常用这种体裁,不像今人,一篇文章不写上两千字都不好意思拿出来见人。由此可见,古代的写作者真幸福呀,一首五言诗,二十个字就可以堂而皇之地发表、拿稿费、得奖金、出文集;一个小段子,三五十字,就是一篇像模像样的文章,不会有老师来教训说这文章没头没尾结构不完整,不会有读者来抱怨说这文章废话太少了读得不过瘾。

　　不过,随着时代的变化、时尚潮流的转移,从前流行笔记体,如今又流行段子体了,借此东风,作者的"微历史"也可以印刷成书、走向读者了!

　　本书所记,都是作者读古书时的偶有所拾,和一点心得。又细心加以编排,分为"做人"、"为政"、"做事"、"说话"和"生活的艺术"几个类别,以方便读者的阅读。这些内容,荟萃了老祖宗们为人处世的"经验"和"智慧",书中观点，皆为作者阅览古人事迹之时的个人感悟和体验，乃一家之言，供大家扩展阅读视野，提升趣味，欢迎争鸣。

最后，感谢浙江大学出版社和本书的责编，感谢广大读者！

黄一鹤

2013 年 3 月 4 日于北京

图书在版编目(CIP)数据

微历史:老祖宗的人精式生存智慧/黄一鹤编著.
—杭州:浙江大学出版社,2013.3
ISBN 978-7-308-11145-4

Ⅰ.①微… Ⅱ.①黄… Ⅲ.①人生哲学—通俗读物
Ⅳ.①B821-49

中国版本图书馆 CIP 数据核字(2013)第 025178 号

微历史:老祖宗的人精式生存智慧

黄一鹤 编著

策 划 者	蓝狮子财经出版中心
责任编辑	徐 婵
出版发行	浙江大学出版社
	(杭州市天目山路 148 号 邮政编码 310007)
	(网址:http://www.zjupress.com)
排 版	杭州林智广告有限公司
印 刷	浙江省临安市曙光印务有限公司
开 本	710mm×1000mm 1/16
印 张	15.5
字 数	215 千
版 印 次	2013 年 3 月第 1 版 2013 年 3 月第 1 次印刷
书 号	ISBN 978-7-308-11145-4
定 价	35.00 元